井浦新の美術探検

東京国立博物館の巻

東京国立博物館 監修

004 はじめに

015 インフォメーション／マップ

018 第1章 考古 日本の美のはじまりを知る

022 教えて！ トーハクの先生① 井浦新×井上洋一氏（日本考古）

030 縄文時代／弥生時代／古墳時代

042 ［コラム1］大好きなミュージアムショップ

044 第2章 絵画 驚異の日本絵画

048 旅する絵師 ～雪舟・雪村・芦雪・北斎・富岡鉄斎～

060 琳派 ～スタイルの継承～／奇想の広がり

070 ［コラム2］ポスター撮影＠応挙館

074 第3章 東洋 博物館でエキゾチック・トラベル
078 教えて！ トーハクの先生② 井浦新×勝木言一郎氏（東洋美術史）
086 龍蛇からみる東西交流／仏像／仮面
100 ［コラム3］ 資料館を活用しよう
102 第4章 技 保存・修復に宿る日本人の技
106 教えて！ トーハクの先生③ 井浦新×神庭信幸氏（保存科学）
110 刀剣研磨／国宝・本格修理／ミイラの保存／修復技術の開発
122 ［コラム4］ 新のオススメ くつろぎスポット
モザイクラウンジ／表慶館
黒門／託児サービス／ミュージアムシアター
126 おわりに

CONTENTS

＊とくに表記のないものはすべて東京国立博物館所蔵品です。
＊随時陳列替えを行なっているため、掲載作品が必ずしも常時展示されているわけではありません。
展示予定については館内で配布している「東京国立博物館ニュース」またはウェブサイトでご確認ください。
＊作品データは、国宝・重要文化財等の指定、作品名称、作者または出土地、時代、制作年代または世紀、員数、材質、
サイズ（単位はcm）、寄贈者名の順に記載。不明な場合は省略しています。
＊掲載している展示風景は、特に表記がない場合、2013年9月～2014年1月に撮影したものです。
＊所蔵品および博物館のサービス等の情報については、東京国立博物館の提供によるもので、原則的に2014年2月現在のものです。

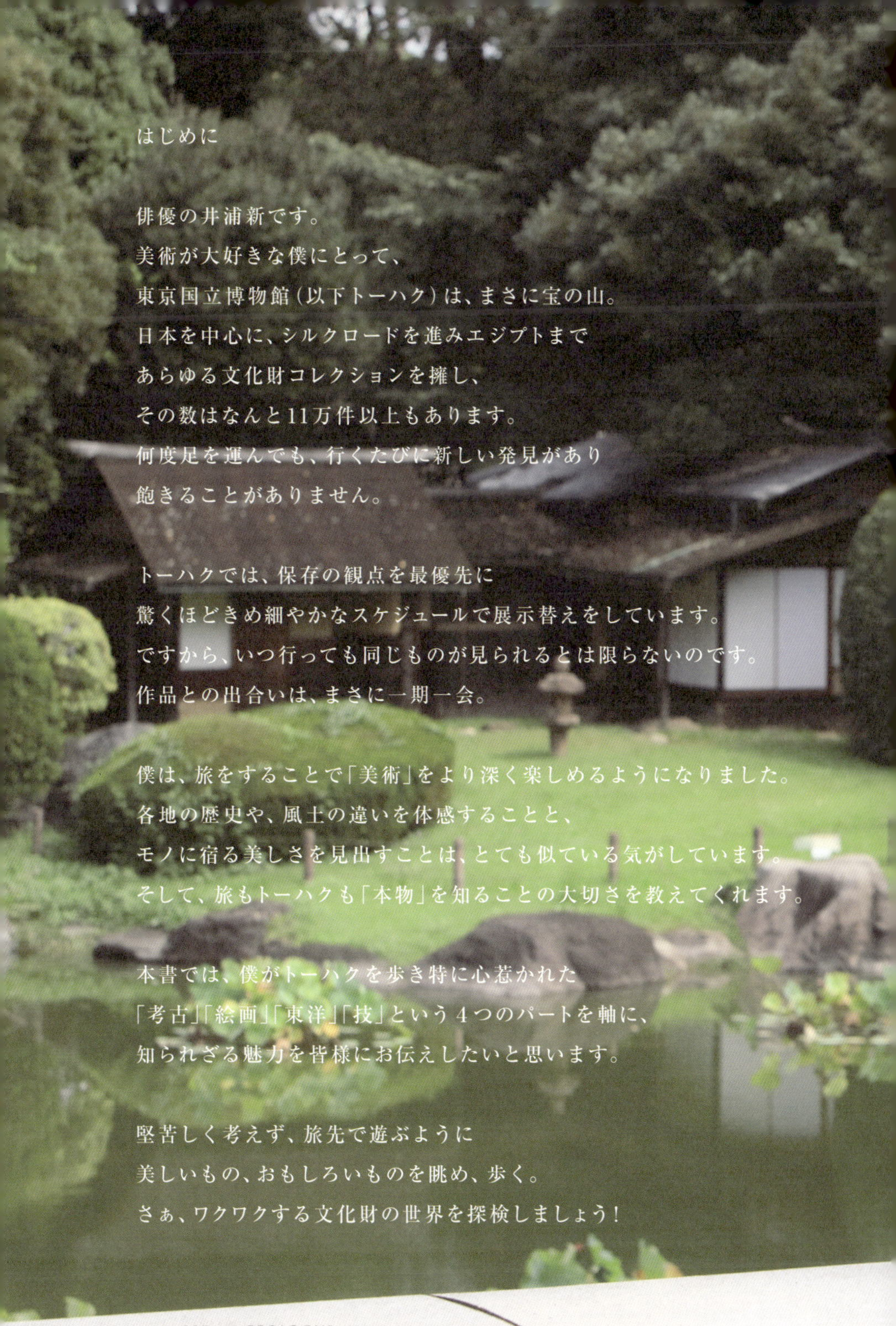

はじめに

俳優の井浦新です。
美術が大好きな僕にとって、
東京国立博物館(以下トーハク)は、まさに宝の山。
日本を中心に、シルクロードを進みエジプトまで
あらゆる文化財コレクションを擁し、
その数はなんと11万件以上もあります。
何度足を運んでも、行くたびに新しい発見があり
飽きることがありません。

トーハクでは、保存の観点を最優先に
驚くほどきめ細やかなスケジュールで展示替えをしています。
ですから、いつ行っても同じものが見られるとは限らないのです。
作品との出合いは、まさに一期一会。

僕は、旅をすることで「美術」をより深く楽しめるようになりました。
各地の歴史や、風土の違いを体感することと、
モノに宿る美しさを見出すことは、とても似ている気がしています。
そして、旅もトーハクも「本物」を知ることの大切さを教えてくれます。

本書では、僕がトーハクを歩き特に心惹かれた
「考古」「絵画」「東洋」「技」という4つのパートを軸に、
知られざる魅力を皆様にお伝えしたいと思います。

堅苦しく考えず、旅先で遊ぶように
美しいもの、おもしろいものを眺め、歩く。
さぁ、ワクワクする文化財の世界を探検しましょう!

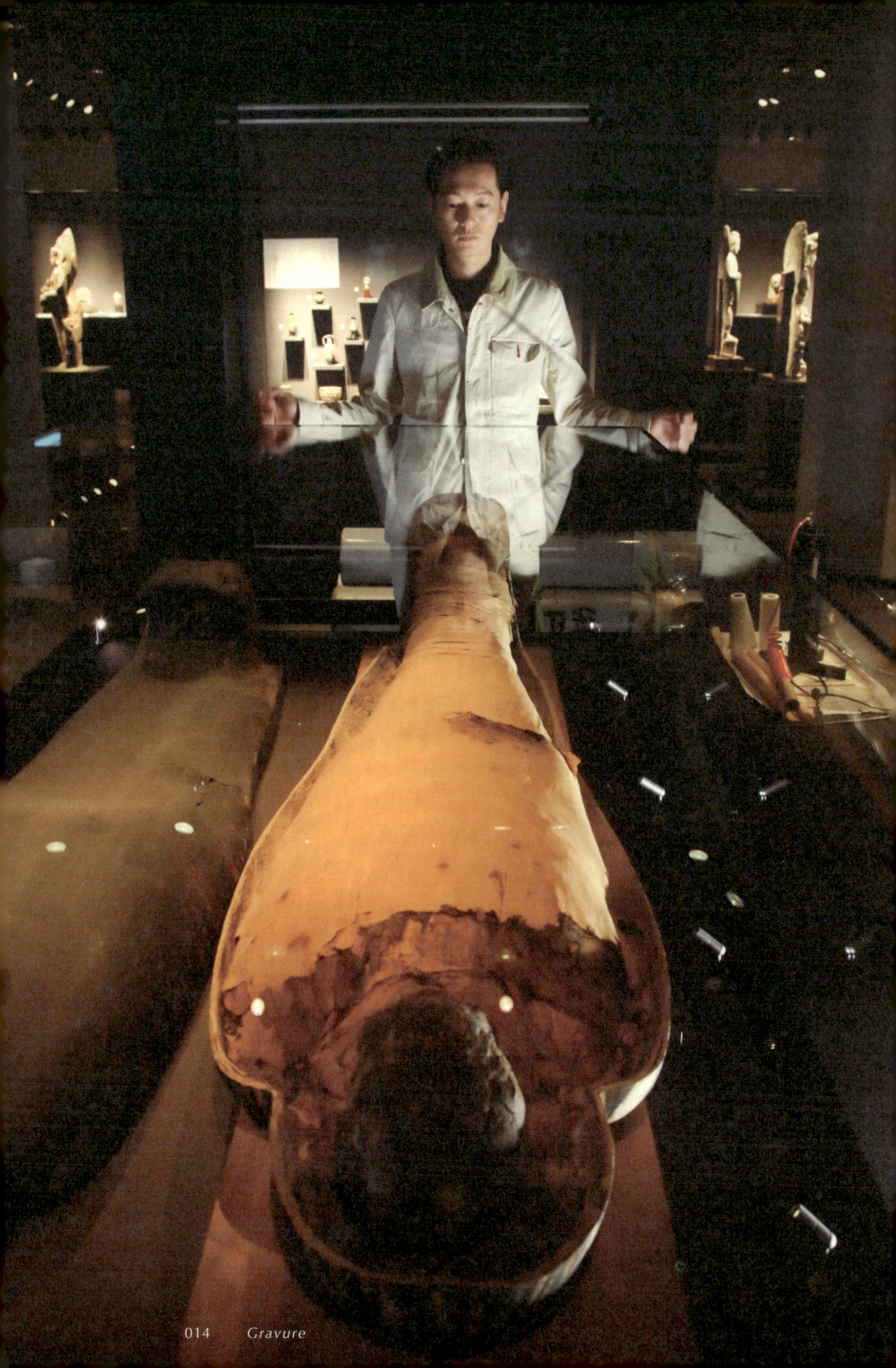

TOKYO NATIONAL MUSEUM
INFORMATION

［開館時間］ 9:30～17:00
＊原則として3月から12月までの特別展開催期間中の毎週金曜日は20:00まで、4月から9月までの土日祝休日は18:00まで開館　＊入館は閉館の30分前まで

［休館日］ 月曜日（祝日・休日の場合は開館、翌火曜日休館）、年始年末

［観覧料］ 一般620（520）円、大学生410（310）円
＊（ ）内は20名以上の団体料金　＊特別展は別料金　＊障がい者とその介護者各1名は無料。入館の際に障がい者手帳を提示　＊高校生以下および満18歳未満、満70歳以上は、総合文化展が無料　＊国際博物館の日（5月18日）、敬老の日は、総合文化展のみ無料

［アクセス］ JR上野駅公園口、鶯谷駅南口下車 徒歩10分
東京メトロ上野駅、根津駅、京成電鉄京成上野駅下車 徒歩15分

［住所］ 〒110-8712 東京都台東区上野公園13-9
TEL：03-5777-8600（ハローダイヤル） URL：http://www.tnm.jp/

＊開館時間・休館日は特別展等によって変わることがあります。また、工事等により展示室が閉室している場合があります。最新の情報は、ウェブサイト等でご確認ください。＊観覧料は2014年4月より適用。

P6（上）：茶室・春草廬の前庭にて　P6（下）：茶室・転合庵にて　P7（上）：上野公園より本館正面を望む　P7（下）：法隆寺宝物館前のベンチにて　P8：平成館考古展示室「埴輪 桂甲武人」とともに　P9：東洋館5室「揺銭樹」前にて　P10：本館7室 酒井抱一筆「夏秋草図屏風」前にて（2013年9月「秋の特別公開」時）　P11：表慶館1階ホールにて　P12：法隆寺宝物館資料室にて　P14：東洋館3室「パシェリエンプタハのミイラ」とともに

TOKYO NATIONAL MUSEUM MAP

3 庭園と茶室

年2回、春と秋に開放。庭園内には、円山応挙の障壁画（現在は複製画）のある応挙館や、狩野派による楼閣山水図のある九条館の他、六窓庵、転合庵、春草廬と5棟の茶室があり、茶会・句会などに利用可能（要事前申込、有料）。

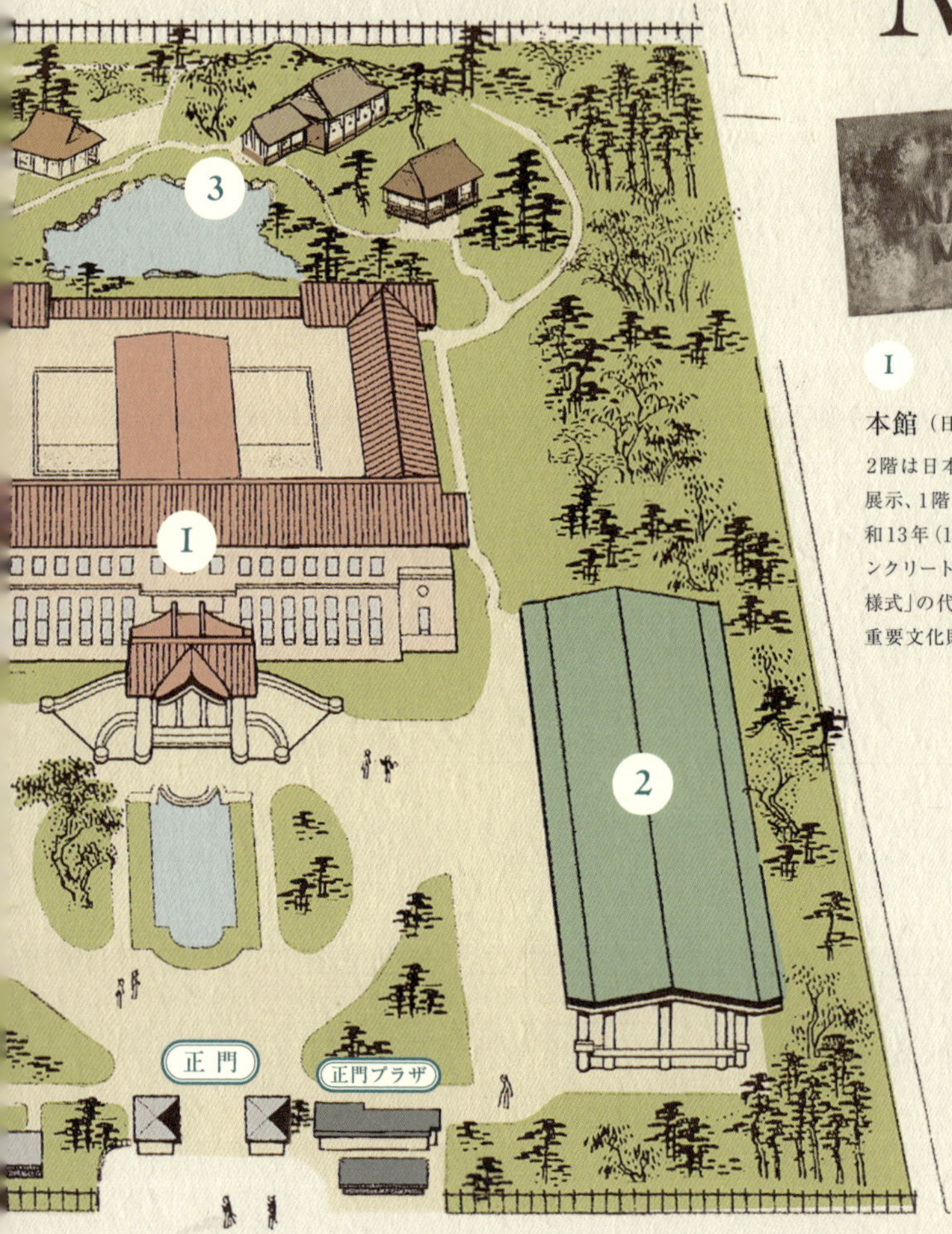

I 本館（日本ギャラリー）

2階は日本美術の流れをたどる時代別展示、1階はジャンル別展示で構成。昭和13年（1938）開館。渡辺仁設計。コンクリート建築に瓦屋根をのせた「帝冠様式」の代表的建築。平成13年（2001）、重要文化財に指定される。

6 表慶館

明治42年（1909）、皇太子（後の大正天皇）ご成婚を記念して開館。片山東熊設計。明治末期の洋風建築を代表する建物として、昭和53年（1978）、重要文化財に指定。平成25年（2013）9月リニューアルオープン。

2 東洋館（アジアギャラリー）

中国、朝鮮半島、東南アジア、西域、インド、エジプトなどの美術と工芸、考古遺物を展示。別棟にレストランあり。昭和43年（1968）開館。谷口吉郎設計。平成25年（2013）1月リニューアルオープン。

4 平成館（特別展・日本の考古）

2階は特別展専用の展示室。1階は考古展示室、企画展示室、講堂、ラウンジ、ドリンクコーナーなど。平成11年（1999）開館。

5 資料館

美術や考古、歴史に関する図書・写真資料の閲覧・検索・複写・レファレンスサービスを提供している。資料館のみ利用する場合は西門から入館すると無料。（P101参照）

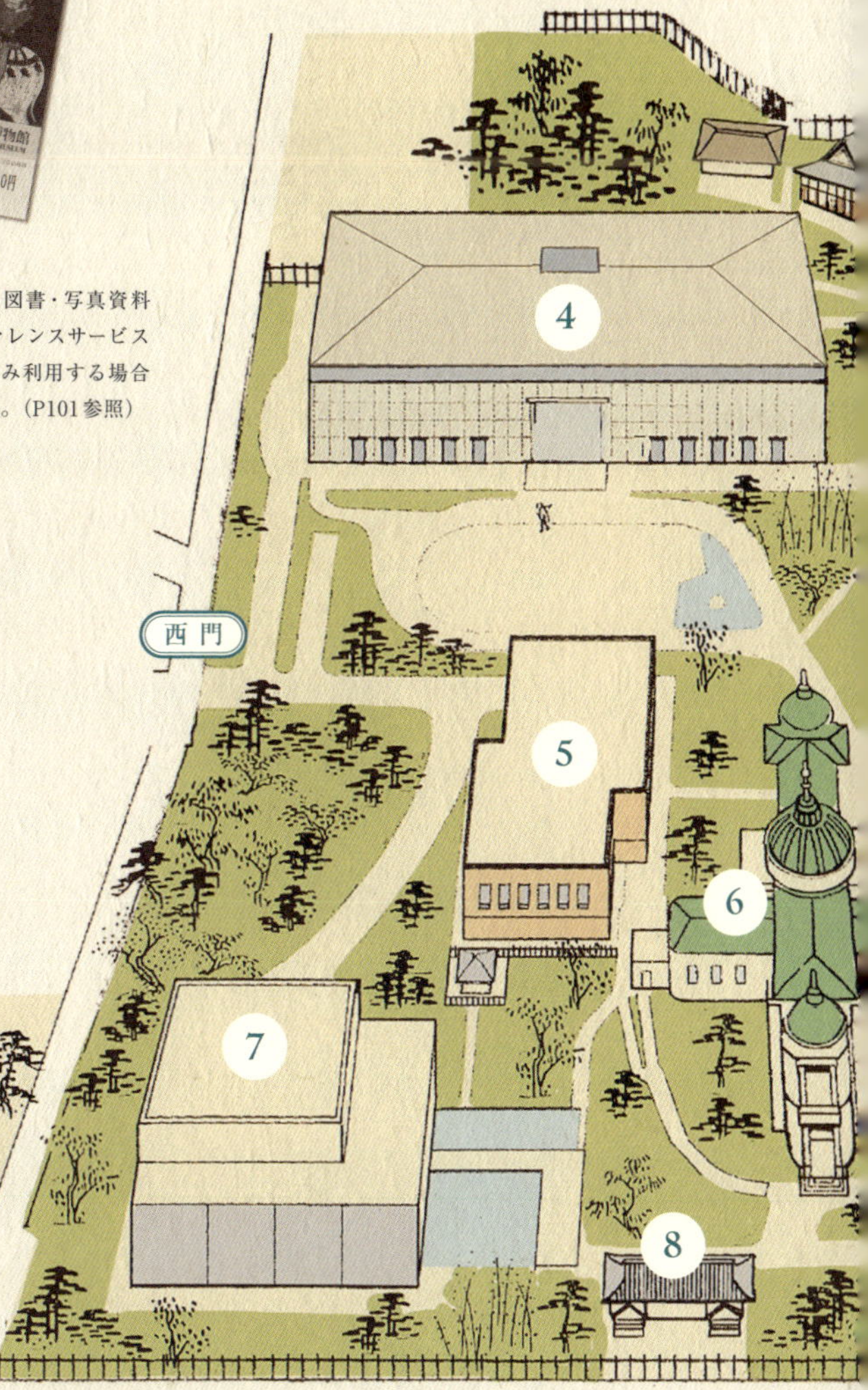

9 黒田記念館

休館中。平成27年（2015）1月開館予定。昭和3年（1928）岡田信一郎設計。遺産の一部を美術の奨励事業に役立てるように、との黒田清輝の遺言により竣工。国登録有形文化財。平成25年（2013）9月別館にカフェがオープン。

7 法隆寺宝物館（法隆寺献納宝物）

明治11年（1878）に奈良・法隆寺から皇室に献納された宝物約300件を収蔵。中2階は関連図書などが閲覧できる資料室。1階にレストラン。現在の建物は平成11年（1999）開館。谷口吉生設計。

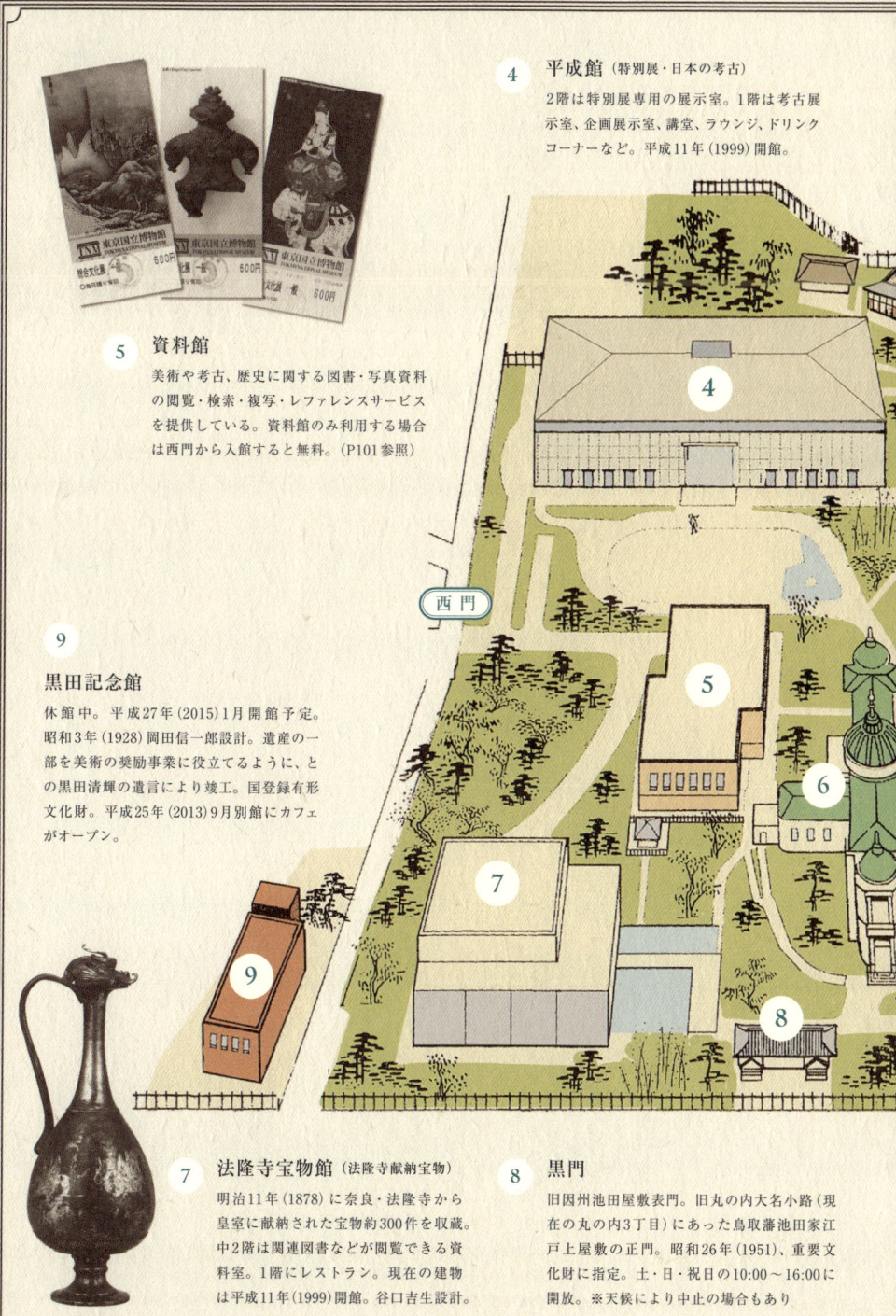

8 黒門

旧因州池田屋敷表門。旧丸の内大名小路（現在の丸の内3丁目）にあった鳥取藩池田家江戸上屋敷の正門。昭和26年（1951）、重要文化財に指定。土・日・祝日の10:00～16:00に開放。※天候により中止の場合もあり

日本の美のはじまりを知る

ORIGIN OF JAPANESE ART

考古 CHAPTER 1

平成館考古展示室入り口にて

幼少の頃、旅好きの父にトーハクをはじめ
上野公園や各地の遺跡によく連れて行ってもらいました。
中でも竪穴住居跡など遺跡を走り回ることは、子供心にとても
ワクワクする経験でした。僕の人生で初めて触れた文化的なものが、
縄文時代の遺跡だったのです。トーハクには、そんなワクワクする気持ちを
思い出させてくれる、素晴らしい考古遺物がたくさんあります。
日本の“美”の根っことなる、いにしえの世界を僕と一緒に歩いてみましょう。

上：本館２階1-1室 日本美術のあけぼの―縄文・弥生・古墳
下：平成館考古展示室

「鴟尾《しび》」 大阪府柏原市鳥坂寺跡（高井田廃寺）出土 飛鳥～奈良時代（7～8世紀） 高133.5㎝

教えて! トーハクの先生 ①

井上洋一氏（日本考古）

展示をさらに楽しむために、各ジャンルに精通するトーハクの先生たちに対し、僕が気になることをインタビューしました。考古編では、銅鐸のスペシャリストである井上洋一氏と、古代の魅力に迫ります!

井浦　今も平成館の考古展示室を見て来たのですが、訪れるたびに古代に惹かれていきます。

井上　やはり本物には力があるでしょう。井浦さんのように展示を見て古代に思いを馳せて頂くことは、私たちにとって一番嬉しいことです。

井浦　僕がどうして考古展示に興味があるのかというと、古代の遺物を知った上で、後世の美術品を見ると、それぞれが何か一本の線でつながっているかのような気がするからなんです。

それが精神的な部分なのか、技術的な部分なのか、宗教的な部分なのか……はっきりとは分かりませんが、いろいろな時代の美術品を楽しむためにも、その始まりである古代を知ることが重要なのではないかと思います。

井上　確かに、私もそう思います。古代を学ぶことは、これまでの人間の営みをより深く知ることにつながります。先人の作り出した造形が時を重ね、現代を生きる私たちの生活の中にも溶け込んでいることに気づかされるんです。例えば、数万年前の後期旧石器時代の石器にも、造形的に美しいものがたくさんあるんですね。これらは後につながる道具の「かたち」の基礎を作っています。なかでも細石器と呼ばれる道具は、鋭利で小さな刃を木や動物の骨に溝を掘ってはめこんで使うのですが、

いろいろな時代の美術品を楽しむためにも、
その始まりである古代を知ることが
重要なのではないかと思っています。

「この岩偶は、眼を見ると遮光器土偶と共通していますし、体に刻まれた渦巻文も特徴的です。ただ土偶と違って、土ではなく柔らかな石材を使用しています」と、井上先生。
「岩偶残欠」青森県三戸郡南部町小向出土　縄文時代後期（前2000～前1000年）

まるで現在私たちが使っているシェーバーの替刃のように差し替えることができる。それを見ていると、すでに「用の美」という概念があったのではないかと思うほどです。

井浦　古代人の知恵や感性には驚かされますね。道具や素材など、現代とは比べ物にならないくらい不自由なはずなのに、土偶や埴輪のような素晴らしい造形物を生み出している。僕は、岡本太郎がトーハクで見た縄文土器に強い衝撃を受けて、その後の作風に大きな影響を与えたというエピソードが大好きなんです。トーハクで行われた「国宝 土偶展 －THE POWER OF DOGU－」（２００９年）はとても印象的でした。井上先生がご担当されたのですよね？

井上　そうです。この展覧会は、文化庁企画の海外展としてイギリスの大英博物館で行われたものを日本バージョンに組み替えたものでした。大英博物館では、私たちの想像以上に大きな反響がありました。土偶の造形って、まるで現代アートみたいですよね。欧米の人たちに「これは５千年前に作られたものですよ」と言うと「ミスター、ひと桁間違っていないですか？　せいぜい５００年前のプリミティブアートでしょ」って。アフリカあたりの木彫像などと対比させたんでしょう。当方としては、極東の小国の地でもこうした優れた造形ができあがるんだということを伝える意図があったのですが……。「とても古代のものとは信じられない!!」と、驚いていました。まぁ、それはともかく土偶の造形からは、アニミズム的感性を随所に感じませんか？　自然の中で育まれた感性を、人間の手で巧みにデフォルメしている。

井浦　女性のふくよかな体のラインなんかは、特徴的ですよね。

井上　ええ。彼らのデザインセンスには脱帽です。そして、あれだけ小さな造形に、実はたくさんの情報が凝縮されている。土偶を見ていると、縄文人の息づかいと共に、私たちが忘れかけている〝自然の中で育まれた人間が、どう生きるべきなのか？〟そんなことを問いかけてくれるような気がするんです。

井浦　僕は、土偶からある種のパワーをもらえるような気がしています。情熱というか、すごく力強くて、でも思わず笑ってしまうかわいらしさもある。

井上　トーハクでの展覧会の折には「土偶に癒された」という感想が多かったんですよ。井浦さんは、さらに元気になると？

平成館考古展示室にて

井浦　はい。土偶も埴輪も、レプリカを何体か部屋に飾っているのですが、やはり本物と対峙した時に感じるパワーは格別です。連れて帰りたくなる（笑）。

井上　川端康成がハート型土偶を所有していたことは有名ですね。でも土偶が欲しいという方は相当マニアックですよ（笑）。

井浦　みんな欲しがっているとばかり……。柳宗悦が所有していた岩偶など、とても好きです。

井上　作家、芸術家といった様々な表現者たちが土偶や埴輪を所有し、愛情を抱いていたということは、やはりそれらには何か想像させる力があるんでしょうね。私なんて「今のお前、何やってるんだ」って叱られ、反省ばかりなんですが……。

井浦　僕も「表現力」とは何かを問われている気がします。役者という仕事も、想像力をどう表現へと変えていけるかということの積み重ねで、間違いなく僕は土偶や土器から想像力の栄養をもらっていると思います。

井上　井浦さんが考古遺物を見て歓喜するのは、それらをつくり出した人々と心が通じるところがあり、そこに人間を見ているからなのではないかな。

井浦　そうかもしれません。造形を見たり、フィールドワークをしたりして感じるしかありませんが、その先には必ず人の営みがあって、モノを残した人がいるということですもんね。

井上　遺跡にもよく行かれているようですね。

井浦　はい。子どもの頃に父に連れて行ってもらった登呂遺跡がすごく印象的だったんです。国内を旅するおもしろさに気がついてからは、あちこちの遺跡を訪ねています。三内丸山遺跡

「埴輪 女子」（部分） 群馬県群馬郡箕郷町大字上芝字本町1092上芝古墳出土 古墳時代後期（6世紀）

や大湯の環状列石など、東北の縄文遺跡はかなり行きました。先生がおすすめの遺跡はどこでしょうか？

井上　そうですね……。三内丸山遺跡は建物などが復元されていて、当時の様子が比較的分かりやすいと思うのです。しかし多くは遺跡に行っても建物は腐ってしまい柱の穴しか遺っていない。これは木の文化である日本の宿命ですね。ヨーロッパなどは石の文化ですから古代の建物がそのまま残っています。それに比べると日本の遺跡は穴だらけで、見てもおもしろさを感じにくい。そういう意味で、日本では古墳が一番当時の姿を残しているので、おすすめの遺跡と言えます。残念ながら多くは空から見ないとその巨大さや形が分かりづらいのですが、神戸市の五色塚古墳は当時の様子を体感することができて良いですよ。

井浦　体感することって本当に大事ですよね。先日、島根県の荒神谷遺跡に行きました。あそこも銅剣や銅鐸がどのように発見されたかが分かるので、とても興味深かったです。

井上　荒神谷遺跡は、その発見時に私も伺ったことがあるので思い出深いですね。

井浦　歴史認識が覆るほどセンセーショナルな発見だったとか。そのような現場にいらっしゃったのですね。

井上　びっくりしましたよね。昭和59年（１９８４）、３５８本という膨大な数の銅剣が発見され、その翌年には銅鐸6個と銅矛16本が発見されたわけですから。古代史の常識を塗り替えたというのは、３５８本もの銅剣が一か所から出たことも重要なのですが、銅鐸と銅矛が一緒に出たことが今までなかっただけに、非常に重要な発見だったのです。それまで銅鐸は近畿地方を中心に、銅矛・銅剣は北部九州を中心に分布しており、これらをシンボルとする両地域が相対しながら勢力を二分して戦い、北部九州の勢力は徐々に近畿の勢力に飲み込まれていったのではないかと言われていました。したがって、敵対するシンボルが同じ穴で見つかるわけがないと思っていたんです。ところが見つかってしまった。これはどうしたことだ？　何故だ？と。世紀の大発見によって、古代史の謎はさらに深まったわけです。

井浦　研究者の方たちは大変だと思うのですが、とてもドラマチックですね。その後の研究で分かったことはあるのですか？

「ザ・縄文土器といえばこれ！ 火焔土器と呼ばれているけど、これが火を現しているかどうかまだまだ謎だらけだそう!?」
「火焔土器」伝・新潟県長岡市関原町馬高出土　縄文時代中期（前3000～前2000年）　高35.5㎝

井上　今も謎が多いのですが、ただ事実として分かってきているのは、一見、近畿と北部九州地方に二分されると見られた銅鐸と銅剣・銅矛の文化は、実際もっと複雑に絡み合っていたであろうということです。弥生時代は西日本各地で様々な情報が飛び交い、同時に銅鐸を尊ぶ価値観なども形成されていったのだろうと思います。北部九州から東海までかなり広範囲にわたって同様の価値観を共有していたのではないでしょうか。

井浦　縄文時代もおもしろいのですが、文化形成という意味では弥生の爆発力はすごいですね。

井上　やはり人間が金属を扱えるようになったことが一番大きいのではないでしょうか。弥生社会は、縄文社会の上に重層的に形成されたからこそ、複雑化したのだと考えられます。縄文時代の社会基盤の上に、自分たちの生活が始まった。そこに外来文化をうまく取り込んでいく。他の文化を取り入れるためには、ある程度成熟した社会でないとダメだと思うんです。そうでなければ、うまく受容できないはずなので。

井浦　なるほど……。それがさらに成熟すると、古墳という巨大建造物や埴輪が生まれるんですね。古代に日本の美のルーツを探す旅、続けて行こうと思います！

井上 洋一（日本考古）

1956年生まれ。専門は弥生時代・銅鐸研究。東京国立博物館では、企画課長として文化遺産のもつ魅力を特別展や出版物、国際交流事業などを通して伝える取り組みを行なっている。考古学の見地から「より快適な博物館を目指し」美しく博物館をデザインする考古学者。

「こんなに立派な馬具を装備しているということは、権力をかなり誇示したんだろうなぁ」
「埴輪 馬」 群馬県藤岡市白石字滝出土　古墳時代後期（6世紀）
114.0×110.5㎝

「土偶頭部」 千葉県銚子市余山貝塚出土 縄文時代後期（前2000～前1000年）
高6.2cm 吉野長太郎氏寄贈

縄文時代

プリミティブ・パワー炸裂！ 個性豊かな造形美に圧倒される

最近の研究で、日本人のDNAには縄文型と弥生型の2種類が混在していることが明らかになっています。考古学に興味がない人でも、「お酒が強い人は縄文型、弱い人は弥生型」などのフレーズを一度は聞いたことがあるのではないでしょうか。僕はお酒が強いわけではないけれど、言葉では説明できない縄文へのシンパシーは、縄文型だからではないかと思っています。このニュースを聞いたとき、遺伝子レベルで太古の昔にまで自分たちのルーツを遡ることができるなんて、とてもロマンを感じました。テクノロジーの進歩と古代人という一見正反対に思えるテーマがつながるのも、人間が何万年もかけて進化してきたことの証。興味が尽きることはありません。

縄文時代、弥生時代、古墳時代……多くの遺跡や遺物はあっても、文字がない時代のことは謎ばかり。分からないことだらけです。だからこそ、知りたいと思う。造形や風土から古代人のメッセージを読み解こうと想像力や表現力を巡らせることは、僕にとって旅を楽しむ感覚と同じなんです。

若い頃は海外の文化に夢中でした。でも、日本各地を旅するにつれて、日々の生活では忘れてしまいがちな豊かな自然にふれあい、喜びを感じるようになりました。またこんなに国土の狭い国なのに、その土地その土地に多種多様な文化が根付いていることに、どんどん魅了されていきました。旅先でその土地のことを知りたければ、おのずと博物館や美術館、資料館に足が向く。そうやって「フィール

右上：重要文化財「遮光器土偶」 青森県亀ヶ岡遺跡出土 縄文時代晩期（前1000～前400年） 高20.5cm
左上：重要文化財「みみずく土偶」 埼玉県真福寺貝塚出土 縄文時代後期（前2000～前1000年） 高34.2cm
下：2009年に行われた「国宝 土偶展 -THE POWER OF DOGU-」会場の様子

ドワーク」と「モノを見る楽しさ」が、僕にとっての旅のスタイルになっていきました。

東京にいても旅先で感じるワクワクした気持ちがこみあげてくる場所があります。僕にとってはそれが東京国立博物館《トーハク》なのです。古代から近代まで日本中のあらゆる文化財が揃っていて、旅先で見たモノに再び出合うことができる。学生時代は決して勉強が得意だったとは言えない僕ですが、旅がきっかけとなって始まった、美術や文化に関する旺盛な知的好奇心は自分でも驚くほどで、今ではそれが仕事や日々の生活のモチベーションにもなっています。

遺跡や神社仏閣に行くと、理屈抜きに「この場所には何かがある！」という感覚が多々あります。きっと今よりもずっと自然に対して密接に、かつシンプルに生きていた古代人が「ここは安全だ」「ここは実りが多い」「ここは神様がいる」など、何か感じるものがあって生活や祈りの場に選んだからではないかと思います。対自然という意味では、僕たち現代人より遥かに優れた感覚があったはずの古代人。彼らの思考を想像することは、コンクリートジャングルに囲まれ自然から遠ざかった日常ではとても難しい……。

僕は日本を旅する中でアニミズム（自然崇拝）に惹かれるようになりました。空や海、岩、樹木、花、鳥、動物……自然の中には本当に美しいものが溢れています。ドラマチックな暁や黄昏を見て感動する気持ちは、きっと古代人も同じだったのではないか。もしかしたら感動ではなく、畏れだったかもしれない。でもどちらにしても、後世

縄文時代後期になると、人物を表現した土器が土器が多数作られるようになった。
重要文化財「人形装飾付異形注口土器」北海道北斗市茂辺地出土　縄文時代後期（前2000～前1000年）高17.9cm

ヘビのモチーフは中期の土器に多い。ヘビを祀る神社などは今もあり、古い信仰との関係が興味深い。
「深鉢形土器」東京都八王子市楢原町出土　縄文時代中期（前3000～前2000年）高39.8cm　塩野半十郎氏寄贈

の日本人が四季の移り変わりにインスパイアされて芸術作品をたくさん生み出していったことを考えると、アニミズム的な感覚が顕著に感じられる縄文時代の土器や土偶に興味が湧かないわけがありません。

　井上先生とのお話にもでた岡本太郎は、昭和26年（1951）、偶然訪れたトーハクで考古学資料として展示されていた縄文土器を見つけ「血の中に力がわき起こるのを覚えた」そうです。そして、自分で縄文土器を撮影するほどにのめり込み「不可思議な美観、いやったらしい美しさに圧倒される」と絶賛します。「縄文の発見者」である太郎の言葉を胸に、僕も縄文の美を追い求めていきたいと思います。

中空の全身立像では最大クラス！
重要文化財「遮光器土偶」 宮城県大崎市田尻蕪栗字恵比須田出土　縄文時代晩期（前1000～前400年）　高36.0cm

ARATA'S FIELDWORK ALBUM 1

SANNAIMARUYAMA

三内丸山遺跡（青森県青森市）

　三内丸山遺跡は、自由に見学できるので、青森方面に行く時は、時間が許す限り足を運んでいます。広々とした遺跡は周辺の自然環境を含め、当時の豊かな生活を体感できるのでお気に入り。併設のさんまるミュージアムも遺跡から出土した重要文化財の大型板状土偶をはじめ、充実した展示でオススメです。

約5500年～4000年前、長期間にわたって定住生活が営まれていた集落跡。

さすが日本最大級の縄文集落跡！ 復元されている大型掘立柱建物や大型竪穴住居のスケールの大きさには、何度行っても圧倒されます。

弥生時代

男女を描き分け、動物も美しく表現する
日本絵画の原点を銅鐸に発見！

僕は、役者をはじめた20代から、ファッションを通してモノづくりをしてきました。今思えば、自分の興味の対象が、「考古学」や「民俗学」というジャンルなのだと気がついたのも、洋服作りを通してのことでした。各地の民族衣装にデザインソースを求め、ハンガリーの刺しゅう工場を訪ねたり、インドやネパールに布地を探しに行ったりしているうちに、アイヌのテキスタイルに出合い、そこに使われていた渦巻の文様に魅了されました。

　縄文時代の土偶や土器に多用されている渦巻文様は、弥生時代のシンボル、銅鐸の本体や飾り耳にも見ることができます。ずっと気になっていたので、井上先生にどういう意味があるのかと質問すると、興味深い答えをお聞きしました。「多くの民

重要文化財「銅鐸」滋賀県野洲市小篠原字大岩山出土　弥生時代後期（1～3世紀）高134.7cm

族が渦巻文を使っていますが、〝永遠〟や〝波〟を表すのではないかと言われています。例えば、渦巻文の中には魚が描かれているものがあります。それは波だと考えられています。ただ、すべてがそうだとは言い切れません。縄文土器の渦巻文との関係も解き明かせてはいないんです。例えば銅鐸の中にもラーメン鉢の縁取りのような文様が見られるものがあるのですが、日本だけでなく、朝鮮半島の西南部から中国の東シナ海沿岸地域、特に中国東南部でも使われています。人間がモノを見たときに感じる感性を形に表すとき、それは民族を超えることがあるのではないかと思わされますね」とのこと。なるほど、モチーフの究極の簡略化である文様は、本当に奥が深い！

　さらに、銅鐸に表された図像に、男女の別を描き分けているものがあることも教えて頂きました。狩りをしている様子を表した図像では、人間の頭が丸く表現されている。これは男性を表現し、脱穀する様子を表した図像では頭が三角形になっていて女性を表現しているそうです。銅鐸から弥生時代における社会の仕組みを垣間見ることができるなんて！　やはり考古遺物は多くのメッセージを投げかけてきます。井上先生は、「日本絵画の原点がここにあるのではないか」ともおっしゃいました。確かに銅鐸には人物以外にも動物がたくさん表されています。中でもモチーフとして一番多く用いられているのが鹿で

鹿狩りをする様子（上）と脱穀をする様子（下）が表されている。右／下：国宝「袈裟襷文銅鐸」伝・香川県出土　弥生時代中期（前2～前1世紀）高42.7cm

す。おもしろいことに、貝塚から出て来る骨の資料を調べると、弥生人と縄文人は、ほぼ同じ動物を食べていたことが分かっているそうです。その双璧が猪と鹿。なのに、弥生人は圧倒的に鹿をモチーフにしている。逆に縄文時代の土偶に猪は見られても、鹿はほとんど見られない……。縄文人は時に襲われることもあり、また多産な猪にきっと力強いパワーを感じていたのではないでしょうか。では、弥生人は鹿に何を見ていたのか？ 鹿島神宮や厳島神社では、今でも鹿は神の使いとして神聖視されています。僕には何となく、美しい鹿を表現したかった弥生人の気持ちが分かるような気がします。日本の美の源流は、確かに古代に生まれている。土偶や銅鐸は、それを雄弁に物語っています。

銅鏡や管玉などとともに墓に副葬された銅剣は、次第に大型・扁平化して祭器として用いられるように。「平形銅剣」愛媛県松山市道後今市出土　弥生時代中期（前2～前1世紀）長47.4cm　高橋金吾氏寄贈

Arata's Fieldwork Album 2

Kojindani

荒神谷遺跡（島根県出雲市）

金属成分を忠実に再現した模鋳品と。想像以上にずっしりしている！ ミニチュアフィギュアのガチャガチャも忘れずにチェック（笑）。

井上先生とのお話にも登場した荒神谷遺跡にて。銅剣、銅矛と銅鐸がどのように発掘されたが分かるように復元されているので、分かりやすい。

復元された竪穴住居や高床倉庫、祭殿などから弥生時代の農耕集落を体感。登呂博物館と芹沢銈介美術館も隣接されているので1日中楽しめる場所！

行くたびについ記念撮影をしてしまう火起こしをする銅像。小学4年生の自分と、35歳の自分！ はしゃぎ方が変わっていないような……。

Arata's Fieldwork Album 3

Toro

登呂遺跡（静岡県静岡市）

古墳時代

古墳とともに生まれ、古墳とともに消えた埴輪
仏教伝来以前の日本人の祈りのカタチ

土偶とともに古代人の思いや優れた造形を感じることができるモノに、埴輪があります。土偶に比べ表情や動き、服装などが格段にリアルになった埴輪は、考古遺物の中でも特に親しみやすく、好きな人も多いのではないでしょうか。トーハクのゆるキャラとして秘かに人気のある「トーハクくん」も埴輪。ちなみに、彼の特技はダンスです（笑）。

　埴輪は弥生時代の葬礼品から発展したもので、瀬戸内海に面した現在の岡山県あたりに活躍した王に捧げられていたものが起源だと言われています。それが現在の奈良県にあったヤマト政権の葬礼にも取り入れられるようになったことで、大きく発展したそうです。3世紀になり、巨大な前方後円墳が造られるようになると、円筒形の埴輪が大量に並べられるようになります。その後、家形や盾、甲冑、船、鳥……と、どんどん複雑な造形が生まれ、5世紀半ばになってやっとお馴染みの人物、動物形の埴輪が生まれます。特に人物埴輪たちを見ていると、いきいきとした古代人の生活、祭祀の様子が伝わってきます。

　僕は祭りや神事も好きで、旅のスケジュールが合えば、できるだけ参加したいと思っています。その土地の人たちと祈りを共有することで、そこの風土を肌で感じることができるからです。土偶や埴輪には、祭りや神事で伝わる感覚と同じもの、日本人の純粋な祈りの原点のようなものを感じます。

　また古墳時代の副葬品として出土する勾玉にはマジカルな魅力があります。出雲を旅した際、

「埴輪 鍬を担ぐ男子」（部分） 群馬県伊勢崎市下触出土 古墳時代後期（6世紀） 高91.9㎝

重要文化財「埴輪猿」伝・茨城県行方市沖洲大日塚古墳出土　古墳時代後期（6世紀）高21.3cm

出雲式の勾玉作りを体験をしました。以来自分にとって勾玉が気になる存在となり、勾玉をモチーフにしたネックレスやブレスレットを何個も作ってしまったほどです。勾玉の形が何を表しているのか？　これも古代の謎のひとつです。獣の牙や爪という説が有力ですが、僕は胎児の形を連想することから、生命自体を表しているのかもという説にロマンを感じます。土偶にも埴輪にも子どもを抱っこしたり、おんぶしたりする母親の像を見ることができます。上の猿も、背中に子どもがいた形跡が残っています。生命を生み出し、育てるという生き物の営みの根源である母と子の姿は、古代から何も変わっていない。連綿とつづく命に感動します。

　古墳時代は、1万年以上続いた縄文時代、約９００年続いた

上：国宝「勾玉」（左から滑石勾玉、硬玉勾玉、ガラス勾玉、ガラス勾玉）
熊本県和水町江田船山古墳出土 古墳時代後期（5～6世紀）長2.0～3.2cm
右：「埴輪 子を（背）負う女子」（部分）栃木県真岡市京泉鶏塚出土　古墳時代後期（6世紀）高42.5cm　橋本庄三郎氏寄贈

国宝「銀象嵌銘大刀」（部分）熊本県玉名郡和水町江田船山古墳出土　古墳時代後期（5～6世紀）現存長91cm

弥生時代のあと、たった３００年しか続きませんでした。文化が生まれ、猛スピードで人間社会が形成されていく様子が想像できます。熊本県の江田船山古墳から出土した大刀《たち》には、なんと銀象嵌で魚や水鳥、馬の文様、また日本列島において個人名を含む最古の銘文が表されています。５世紀にこれだけの文化レベルと金属加工技術がすでにあったとは驚きです。

　プリミティブな縄文時代、文化の爆発が起きた弥生時代、そして古代史の中でももっとも謎が多いとされる古墳時代。やっぱり考古はおもしろい！　今年（２０１４）４月には、奈良県明日香村の「キトラ古墳壁画」をトーハクで見られる特別展が開催されます。もちろん村外で公開されるのは初めてのこと！僕も今からワクワクしています。

ほーーー!!!!!

「埴輪 踊る人々」（部分）埼玉県熊谷市野原字宮脇野原古墳出土　古墳時代後期（6世紀）復原高64.1、57.0cm

ARATA'S FIELDWORK ALBUM 4

GOSHIKIZUKA

五色塚古墳（兵庫県神戸市）

野外博物館というコンセプトがとても新鮮！　レプリカとはいえ、埴輪がどのように使われていたのかが、初めてよく分かりました。後円部分からの見晴らしも最高です。

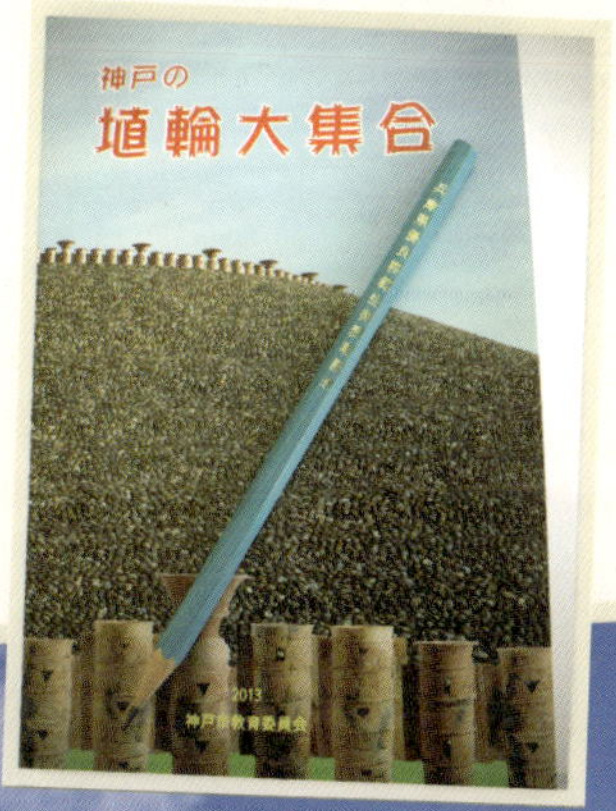

あまりの気持ち良さに、気分はもう古代人。思わず「踊る人々」のポーズで「ほ――!!」と叫んでしまいました。手が左右逆なのはご愛嬌で（笑）。

井上先生が「当時の状況を体感することができる」とおすすめして下さった五色塚古墳に、さっそく雑誌の連載の取材を兼ねて行って来ました。思い立ったらすぐ行動する！　現場では何よりも行動力が求められた若松プロダクションで学んだことです。独立プロにこだわった若松孝二監督は、いつも「待ってるだけでは始まらない」ことを教えてくれました。

少し前に訪問した熊本県山鹿市のチブサン古墳も、内部装飾が素晴らしかった。ただ、五色塚古墳に到着したときの驚きたるや！　教科書や本で散々見て来た前方後円墳のスケールの大きさを目の当たりにし、古墳時代の優れた土木技術を体感できました。全長１９４メートルと、古墳が多い兵庫県下でも最大規模。4世紀終わり頃に築造されたこの前方後円墳は、当時の姿が見られる「野外博物館」として１９６５年から10年の歳月をかけて発掘と調査、復元整備が行われたそうです。3段につくられた墳丘の上2段にはていねいに石が積まれ、段縁を飾るように円筒形や朝顔形の埴輪が隙間なく並んでいます。スケールはもちろんですが、瀬戸内海を一望できる立地からも、当時この地を治めていたかなり力をもった人物の墓であることが想像できます。

本州と淡路島を結ぶ明石海峡大橋と、五色塚古墳という現代と古代の土木建築技術の粋を同時に体感できるというのも、素晴らしい。「古墳」が、僕の旅のテーマの中で定番のひとつになっていることは言うまでもありません。

COLUMN 1 大好きなミュージアムショップ

展覧会を堪能したあと、いくらヘトヘトに疲れていても必ず立ち寄るのが、大好きなミュージアムショップ。

僕が、まず向かうのは書籍コーナーです。美術本や専門書はもちろん、もの作りのアイディアや、旅のきっかけを与えてくれる本ばかりで、探検し始めたらきりがありません。疲れを忘れて思わず長居しています。初心者にも分かりやすい本が多く、未知のジャンルを開拓するときにも活用しています。

スロープを降り、アートグッズコー

手ぬぐい

TENUGUI

可愛らしい和雑貨も充実。所蔵品をモチーフにしたモダンなデザインの手ぬぐい 緑：花卉文、黄：笹蔓文、青：桐文、黄：はにわ柄、各972円

古代のオールスター

ALL STARS

考古遺物を細部まで忠実に再現。何が出るかはお楽しみ！ 考古学ミニチュアカプセルフィギュア第1集 土偶、埴輪、銅鐸、土器、各400円

＊価格は2014年4月より適用。

ナーへ。こちらは展示品がモチーフとなった工芸品から文具、お菓子など、さまざまな商品が充実しています。いずれもクオリティが高く、グッズ好きの僕はいつも買い過ぎ注意です（笑）。特に立体物には目がなく、東京国立博物館140周年記念風神＆雷神フィギュアなんて、発売直後にセット購入したほど！

美術を身近に感じさせてくれるミュージアムグッズ。コレクター気質の僕には、欠かせないものたちです。

海洋堂の逸品、風神・雷神

造形メーカー海洋堂とのコラボレーションにより名画が立体化。是非ともセットで揃えたい。東京国立博物館140周年フィギュアプロジェクト第2弾・尾形光琳「風神」「雷神」各4,104円

手土産に大人気のクッキー

琳派の逸品、尾形光琳作の国宝がクッキー箱に！クッキーもこだわりの東京會舘製。八橋蒔絵螺鈿硯箱缶入クッキーA　1080円

COOKIES

SPECTACULAR PAINTINGS

驚異の日本絵画

絵画

CHAPTER 2

トーハクの中でも、日本絵画のコレクションほど多くの人に
愛されている美術品はないのではないでしょうか？
僕も日本美術のおもしろさにハマっていくきっかけになったのは、
やはり絵画でした。トーハクには日本絵画の国宝が21件（2014年2月現在）もあります。
まさに名品揃い。墨一色の濃淡ですべてを描ききる水墨画。
世界にその名を轟かせるHOKUSAI、RINPAなどのデザインセンス。
知れば知るほど魅力的な日本絵画の世界。共に旅してみませんか？

本館7室 酒井抱一筆「夏秋草図屛風」前にて（2013年9月「秋の特別公開」時）

2013年1月2日。東洋館リニューアル開館記念式典に参加。東洋考古が専門の白井克也氏に解説して頂き、「博物館に初もうで」展示も堪能。美術史家の山下裕二先生にも遭遇し(P47左上)、嬉しいお正月!

2014年も「博物館に初もうで」で美術はじめ! 池大雅の「楼閣山水図屏風」に描かれた楽し気な文人たちに思わずニヤリ。文人画の国宝パワーを頂いた!

国宝「秋冬山水図」(冬景) 雪舟等楊筆　室町時代(15世紀末~16世紀初)2幅　紙本墨画 47.7×30.2cm

旅する絵師

雪舟

雪舟いわく「風景こそ最大の師」
各地を旅した禅僧の視線

ここで紹介したい絵画を選んでいて、僕がグッと来た作品には、やはり「旅」という共通のキーワードがあることに気がつきました。素晴らしい風景画を見ると、旅先で思わずシャッターを切りたくなる瞬間を思い出す。そして、「この絵を描いた人物はどんな旅をしたのだろう?」と、その絵を前にして、絵師の人物像に興味が沸いてくる。絵師のキャラクターを物語るエピソードを知ると、その人が描いたものが何倍もおもしろく見えてきます。

画聖・雪舟もそのひとり。作品が6件も国宝に指定されている、言わずと知れた日本の水墨画の大家です。崇高な禅僧、神様のような存在。最初はそう思って、正直あまり親しみを感じていませんでした。しかし、雪舟が過ごした山口県で、美術史家の山下裕二先生から作品を前に「新さん、雪舟をただ神聖化してはいけない。この人、実はすごく人間臭くておちゃめな人物なんですよ」と伺い、はっ!とさせられました。

多くの絵師が、中国から伝わった水墨画を手本としていた時代に、遣明船に乗って中国に渡り、現地で約2年間水墨画を学んでいる。崇高なイメージの元になっていたこのエピソードも、実は「自分の目で山水画の元となる本物の風景を見た」という強烈な経験値にこそ、思いを馳せるべきだったと気がついたのです。そうすると、大胆な筆さばきや、緊張感のある構図に男らしくタフな一面を感じました。グラフィカルな山水画から濃密な人物画まで、何でも描ける画力。本当に魅力的です。

「梅下寿老図」(部分) 雪舟等揚筆　室町時代(15世紀)
絹本着色 127.7×62.5cm

雪舟筆

雪村

直接師事したわけでなくとも、その名前から雪舟の思想を受け継いでいると言われる雪村も、やはり関東や東北を旅した絵師です。独特な水や風の表現は、旅をして会得したものだと感じます。上の絵は、２００８年にトーハクで行われた『対決─巨匠たちの日本美術』展で見て、衝撃を受けました。僕が釘付けになったのは、仙人たちのイキイキした描写。

この絵には、右側に口から自分の分身を飛ばす「一身分体の術」を披露する鉄拐《てっかい》仙人、左に三本足のガマガエルを従えた蝦《が》蟇《ま》仙人が描かれています。背景や全体のトーンは「ザ・水墨画」といった趣で、一見シリアスなのに、ひゅ〜っと飛び出す分身や、小躍りしているような蝦蟇仙人、妖気を放つカエルは、ギャグ漫画のキャラクターのようで

妖術を自在に操るコミカルな仙人たち
自然の中で沸き上がる雪村のイマジネーション

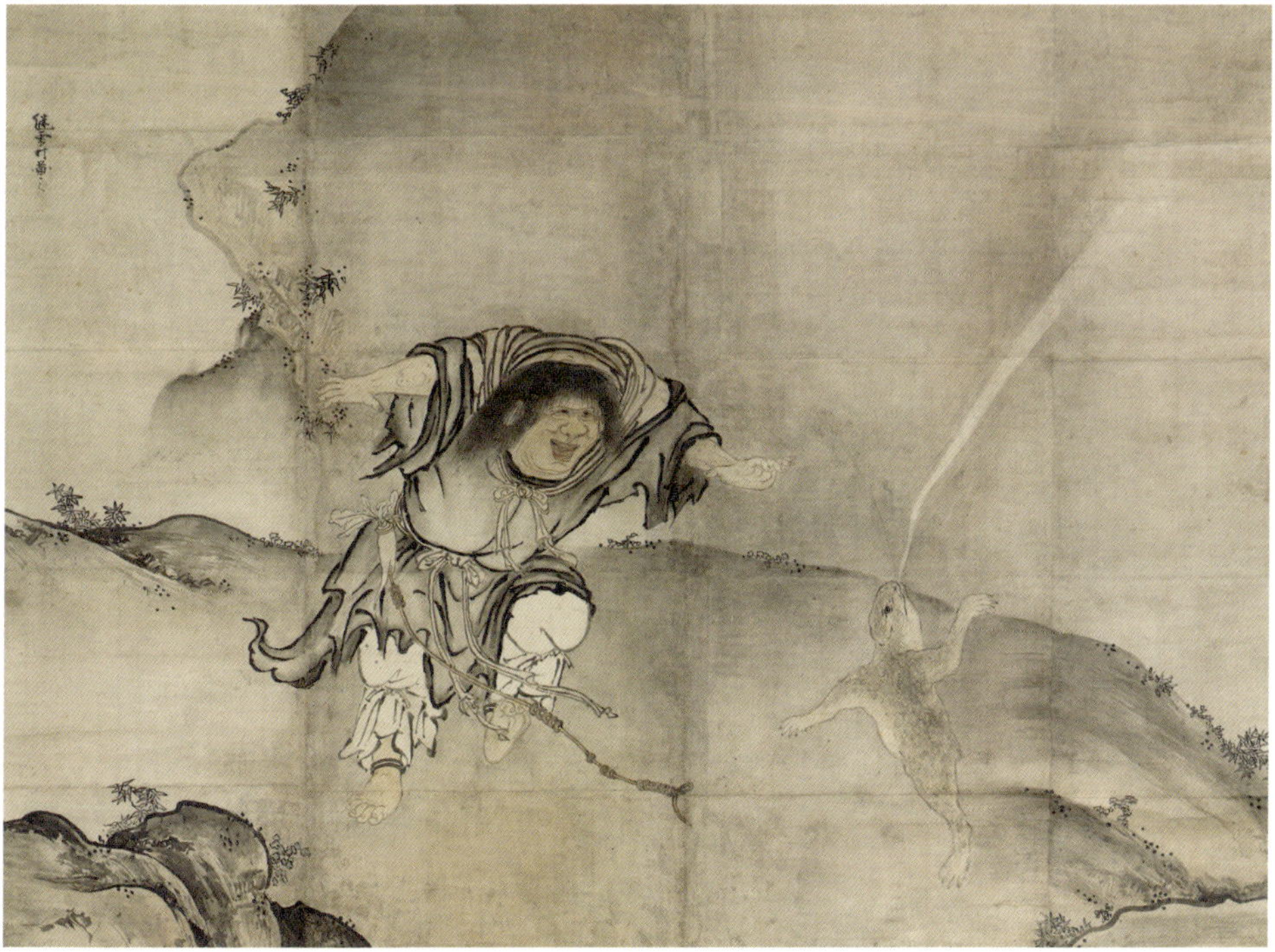

「蝦蟇鉄拐図」(部分)　雪村周継筆　室町時代(16世紀)　2幅　紙本墨画淡彩　151.5×205.9㎝

「何だ、この絵は!?」と笑わずにはいられなかった。

関西では織田信長がまさに天下をとるかどうか!?といった激動の時代に、一度も京都に行くことなく、その当時の茨城や福島で仙人や隠者を描きまくる……。戦や天下のことよりも、自然の中で独自の世界観を描くことにしか興味がなかったとしか思えない雪村。どう考えても、相当な変わり者でしょう（笑）。

雪村は、「三春滝桜」で有名な現在の福島県郡山市で晩年を過ごしました。そこには江戸時代に再建された「雪村庵」が今も残っています。僕が、いつか行ってみたい場所のひとつです。梅と桜が咲き乱れるという雪村庵の前庭で、是非とも雪村のイマジネーションの元になった風土、自然の美しさ、力強さを感じてみたいのです。

ARATA'S FIELDWORK ALBUM 5

YOSHINO

吉野　金峰山寺

奈良県吉野。古代から今につづく聖域と知られる金峰山は、修験道の開祖である役行者が開いた場所です。厳しい自然の中で修行し、神仏の加護を得る。旅をする中で、何事も体感しなければ得られないと感じている僕にとって、役行者は憧れの先達です。吉野には、そんな気持ちを共有できる仲間たちがいます。ある日、その友人から「金峰山寺で毎年7月7日に行われる蓮華会・蛙飛び行事で保存会が着る法被を作ってくれないか?」と連絡がありました。なんて嬉しい依頼だろう。さっそく『ELNEST CREATIVE ACTIVITY』のロゴも手掛けてくれたグラフィックデザイナーが描いた三本足のカエルを、背中一面に大胆に配置。裏地にもこだわり自分でも納得のいく法被を作ることができました。蝦蟇仙人が従える霊獣を背負い、吉野の若衆たちに祭を盛り上げてもらいたい!その気持ちも天に届いたのか、当日は見事な快晴の下、男たちの勇壮なかけ声が響き、背中の蛙も実に満足気でした。

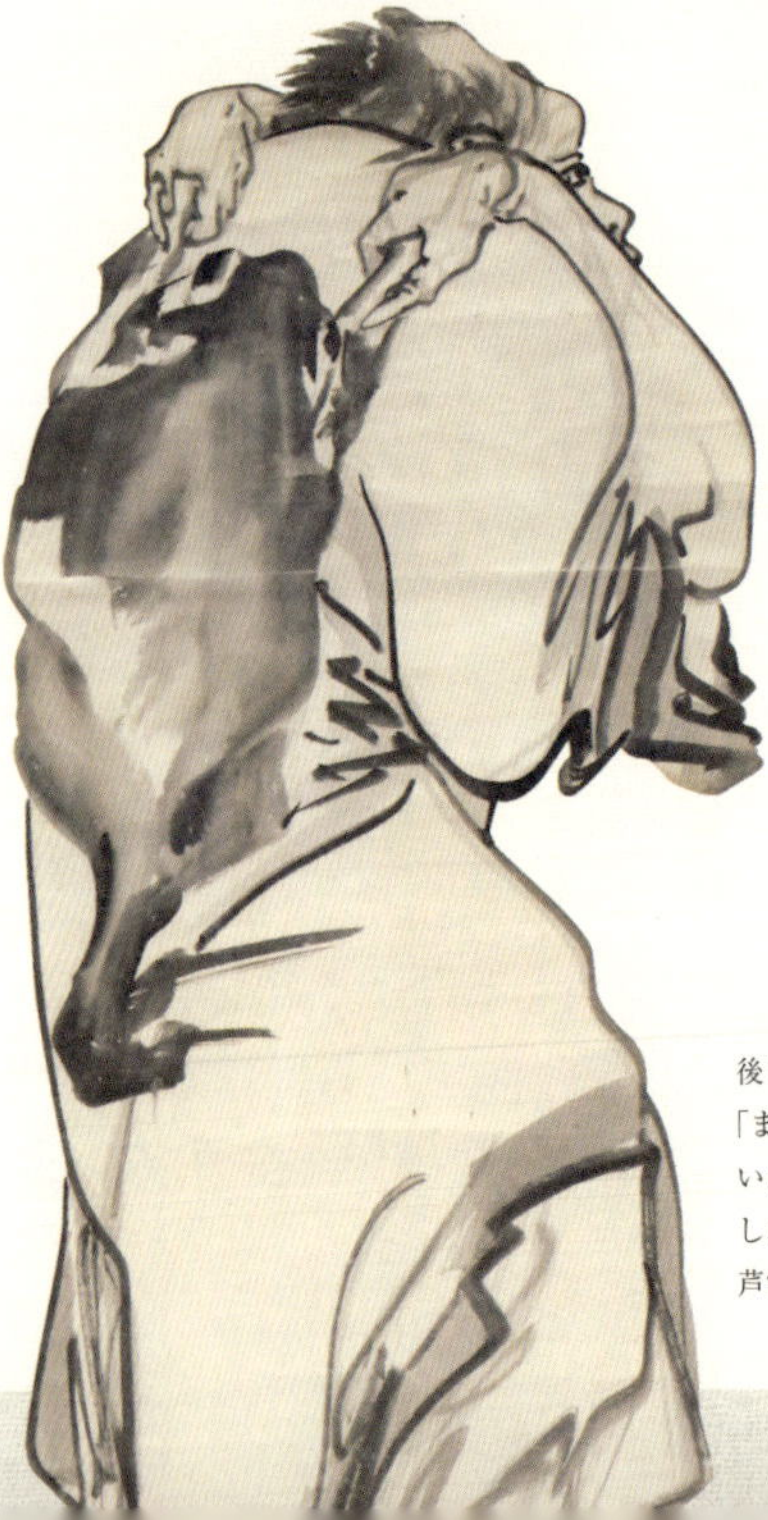

後日、トーハクでこの絵に出合い「まるであの法被じゃないか!」と驚いたのは、思いがけないご褒美でした。「蝦蟇仙人図」(部分) 長沢芦雪筆 江戸時代(18世紀)

「人物図屏風」長沢芦雪筆　江戸時代（18世紀）　2曲1隻　176.0×190.0cm　植松嘉代子氏寄贈

芦雪

円山派きっての個性派
豪快な酒飲みエピソードも魅力！

日本写生画の元祖・円山応挙の弟子である長沢芦雪《ながさわろせつ》。いかにも真面目そうな師匠とはうって変わり、奇抜な構図や大胆な描写を得意とした芦雪の絵には、いつも驚かされます。

和歌山県串本町の無量寺に今も完璧な状態で残る襖絵「虎図」「龍図」は、現地で見るべき傑作です。京都から師匠に代わり訪れた紀伊半島の南端、暖かい気候と美しい太平洋を臨む串本で、芦雪がいかにのびのびと、思いのままに絵を描いたのかが、本当によく伝わってきます。初めて見た時、僕はまだ日本美術に興味を持ち始めたばかりでした。でも、その絵と対峙したとき、クリエイターにとって旅は不可欠なのだと体感できました。芦雪の虎を見ると、その感覚を思い出すことができて、本当に幸せになるんだなぁ。

上：「冨嶽三十六景・凱風快晴」 葛飾北斎筆 江戸時代（19世紀） 横大判 25.3×37.3㎝
左：「諸国瀧廻り・相州大山ろうべんの瀧」（部分） 葛飾北斎筆 江戸時代（19世紀） 縦大判 38.5×26.4㎝
P56：「千絵の海・五島鯨突」（部分） 葛飾北斎筆 江戸時代（19世紀） 横中判 19.3×26.4㎝

北斎

晩年も旅を続けた
世界が認める浮世絵界のスーパースター

北斎は、2004年に『LIFE』誌が選ぶ〝この1000年間で最も重要な功績を残した世界の人物100人〟に日本人として唯一選ばれた〝絵画界の巨人〟。90歳で死ぬ間際まで「まだ死ねない。100歳まで生きれば、すべてのものを生きているように描けるようになるのに！」と、貪欲に画業を貫いた姿勢に憧れます。僕もARATAから井浦新に名前を変えたけれど、北斎は「春朗」「画狂人」「卍」など画号を30回も変え、さらに生涯で93回も引っ越しを繰り返すなど、すべてが常人離れしていて、痛快な人物。「冨嶽三十六景」をはじめ、滝や橋、海のシリーズで描かれた風景には、実は現実にはあり得ない構図のものも多いそう。緻密に計算して描いた、そのデザインセンス。際立っている！

諸國瀧廻り
相州 大山
ろうべんの瀧

「旧蝦夷風俗図屏風」(右隻)　富岡鉄斎筆　明治29年(1896)　2曲1双　紙本着色　166.5×183.6㎝　清荒神清澄寺寄贈

富岡鉄斎

最後の文人画家は
万巻の書を読み、万里の道を往く

「最後の文人画家」と言われる富岡鉄斎《とみおかてっさい》は、幕末の京都に生まれ30歳で明治維新を経験。90歳と長生きで、大正13年まで生きていました。雪舟が約５００年前の人であるのに対し没後１００年も経っていない。これまで紹介した画家の中で、特に身近に感じる存在です。

「万巻の書を読み、万里の道を往く」を座右の銘とし、各地を旅する文人としての生涯を貫きました。何と富士山にも登っています。37歳の時に、探検家で「北海道」の名付け親でもある松浦武四郎との交流から北海道を旅し、アイヌの風俗をテーマに上の「旧蝦夷風俗図屏風」を描きました。僕も縄文に通じるアイヌの文化に興味があるので、踊りや熊を祀る様子など、この絵は本当に楽しそうで猛烈に旅情を刺激されます。

ARATA'S FIELDWORK ALBUM 6

MT. FUJI

富士山

２０１３年６月、ついに世界文化遺産に登録された富士山。日本中で富士山フィーバーが起きる中、ドラマの撮影で僕もついに初登頂することができました！

俳優という仕事の楽しさを僕に教えて下さった、若松孝二監督が亡くなって約１年。若松組の撮影スタッフ、照明スタッフ、俳優が大森立嗣監督の下に集結し、作品を作れたことがとても嬉しかった。台風との戦いでもあり、過酷なロケではあったけれど、このメンバーと富士山で過ごした数日間、山頂から見たご来光の美しさを、僕はきっと一生忘れない。山が好きで修験道に憧れ、各地の山で己のことを見つめてきた自分なりの修行の成果を、日本一の山で作品に込めることができたと思います。

都内でも、飛行機の上からでも、やはり富士山が見えると、ついカメラを構えてしまう。最近は、ダイヤモンド富士の時期を狙い、ひとり山梨県の某スポットまで車を走らせています。

映画「さよなら渓谷」、連続ドラマ「かなたの子」の監督である大森立嗣氏とともに。

聖徳太子が黒駒に乗り富士山を越える様子が描かれたこの絵は、現存する日本最古の富士山と言われている。
国宝「聖徳太子絵伝」（部分）
秦致貞筆　延久元年（1069）
綾本着色　189.3×296.3㎝

琳派　スタイルの継承

この章の冒頭（44ページ）の屏風をもう一度見てみてください。銀地の清涼感が美しい画面の中で、向って右手にはサーッと雨に濡れる夏草と、左手には風になびく秋草が描かれた酒井抱一の最高傑作です。自分が秋生まれということもあり、植物の中でも秋草に心惹かれることの多い僕は、この絵から感じる季節感がとても好きです。ごくシンプルなデザインであるこの屏風の美しさは、あることを念頭に置くと数倍おもしろくなります。また、僕はそれこそが尾形光琳の「琳」の字が冠された、「琳派」と呼ばれるひとつの絵画スタイルの真骨頂だと思っています。

　実は「夏秋草図屏風」は、当初このページに鎮座する尾形光琳の傑作、トーハクを代表する名画のひとつでもある「風神雷

神図屏風」の裏に描かれていたものなのです。今では別々になりどちらもがそれぞれ重要文化財に指定されている作品。それが両面に描かれていたなんて贅沢にもほどがある！　向って左手の雷神の裏には、夏草図とともに雨による水の流れが描かれている。そして、右手の風神の裏には、宙に舞う蔦の紅葉がぱっと印象的な秋草図。「風神」と「雷神」、「風」と「にわか雨」とモチーフを変え、同じテーマを描いているのです。ヒップホップにも、「サンプリング」といって、ジャズやソウル、ファンクなど過去のレコードから印象的なフレーズを抜き出してトラックを作る手法がありますが、ちょっと似ています。「琳派って、ヒップホップみたいだな……」それが最初の印象でした。

17世紀前半、俵屋宗達が生み

重要文化財「風神雷神図屏風」尾形光琳筆　江戸時代（18世紀）2曲1双　紙本金地着色　164.5×181.8㎝

優れたデザインセンスは、どんなものとも相性が良く、今見ても古く感じないからすごい。
重要文化財「白綾地秋草模様小袖」(背面) 尾形光琳筆 江戸時代(18世紀) 1領 絹製 丈147.2 裄65.1㎝

上：「扇面散屏風」（右隻）宗達派　江戸時代（17世紀）6曲1双　167.0×376.0cm　山本達郎氏寄贈
下：国宝「八橋蒔絵螺鈿硯箱」尾形光琳作　江戸時代（18世紀）木製漆塗　27.3×19.7×14.2cm

俵屋宗達や尾形光琳の魅力は、そのデザインセンスを絵画だけでなく、プロダクトにも昇華させた点にあると思います。絵師としてというよりは、僕は彼らを“ものづくりの先輩”としてもとてもリスペクトしています。

約100年周期でループする同じ絵画スタイル
時代を超えてデザインがつながる「琳派」の魅力

出したスタイルを、約１００年後の18世紀初頭、宗達に私淑した光琳がさらに高みに押し上げた。そして光琳の死後約１００年が経ち、一時期は途絶えかけていたそのスタイルを、今度は酒井抱一が継承し「江戸琳派」として確立させる。直接教わるわけでもなく、まして会ったこともないのに、後世のクリエイターに強烈に支持され、作品が残っていくというスタイルは、とても美しいと思います。

　抱一は光琳をリスペクトして傑作を残しましたが、この光琳の作品自体も、京都の建仁寺に残る宗達の作品、国宝「風神雷神図屏風」をもとにしたもの。同じセンスや思想を持つ絵師たちが、時代を超えて自然とループしている「琳派」というスタイルは、日本美術の自由な精神性を教えてくれるのです。

P64：重要文化財「洛中洛外図屛風」(舟木本／部分)　岩佐又兵衛筆　江戸時代(17世紀)　6曲1双　各162.7×342.4㎝

奇想の広がり

「ギョッとする」オリジナリティ
アヴァンギャルドな日本絵画の側面

前ページの「洛中洛外図屛風」。濃密な描写に、思わず目を奪われませんでしたか？　京都の市中と郊外を俯瞰で描く洛中洛外図の名品のひとつで、「浮世絵の開祖」と呼ばれる岩佐又兵衛によって描かれました。公家、武士、職人、僧侶、町の人……老若男女２７００人以上が登場していて、京都の当時の様子が手に取るように分かります。ちなみに、この登場人物、すべての顔が描き分けられているそうです！　異常なほどの描き込みは、近くで見ると背筋がゾクゾクするほどでした。岩佐又兵衛は、武将荒木村重の子として生まれますが、織田信長への謀反によって一族郎党惨殺された中、ひとり生き残り母方の名前で絵師として活躍したという数奇な運命の人です。ドラマチックな生い立ちと精密な描写から、絵師として世の中に何かを残そうという又兵衛の執念を感じます。この屛風のすごいところは、六曲一双の屛風の右端に豊臣氏の象徴である方広寺大仏殿を描き、左端に徳川氏の象徴である二条城を描くこ

「松樹・梅花・孤鶴図」伊藤若冲筆　江戸時代(18世紀)
1幅　絹本着色　136.5×60.9㎝　植松嘉代子氏寄贈

河鍋暁斎筆「地獄極楽図」前にて

とで、豊臣の華やかな時代から徳川の質実剛健な時代に移り変わっていく様子が暗に描かれていることです。細かく、活き活きとした人物描写でありながら、全体では激動の時代の終わりを表現する。平面であるはずの絵画に時間の流れを組み込み、立体的に感じさせる。この時代にそのレベルに辿り着いた絵師がいた、日本人のクリエイティブ魂を誇りに思います。

この岩佐又兵衛をはじめ、狩野山雪、曽我蕭白《そがしょうはく》、若冲、芦雪、国芳など正当な評価を受けず、長く世の中から忘れ去られていた彼らを発掘し世に問い直したのが、美術史家の辻惟雄先生です。先生の著書『奇想の系譜』を読み、日本絵画の中で自分がこれは好きだと思う絵が「奇想」というジャンルだったのだと分かり、とても嬉しくなりました。高尚で難しいものといった日本絵画に対する先入観や、固定観念を「おもしろい！ 何だこれは!?」といった見方をして良いと言われたようで、それから絵を見ることがどんどん楽しくなりました。まさに『ギョッとする江戸の絵画』にギョッとさせられる感覚の病み付きになったのです。

辻先生は奇想を競った彼らの作品を「江戸のアヴァンギャルド」と評しています。同時代の作品を見れば見るほど、異彩を放つ絵師たちの姿勢は本当にアヴァンギャルドだと思います。2010年にNHKの「男前列伝－男35歳〝狂〟を生きる－曽我蕭白×ARATA」という番組で、僕は自分が役者として、またブランドやものづくり、写真を撮ることなど、すべての表現活動において、奇想の

其面影程能写絵
弁けい
一勇斎
國芳戯画
上総屋

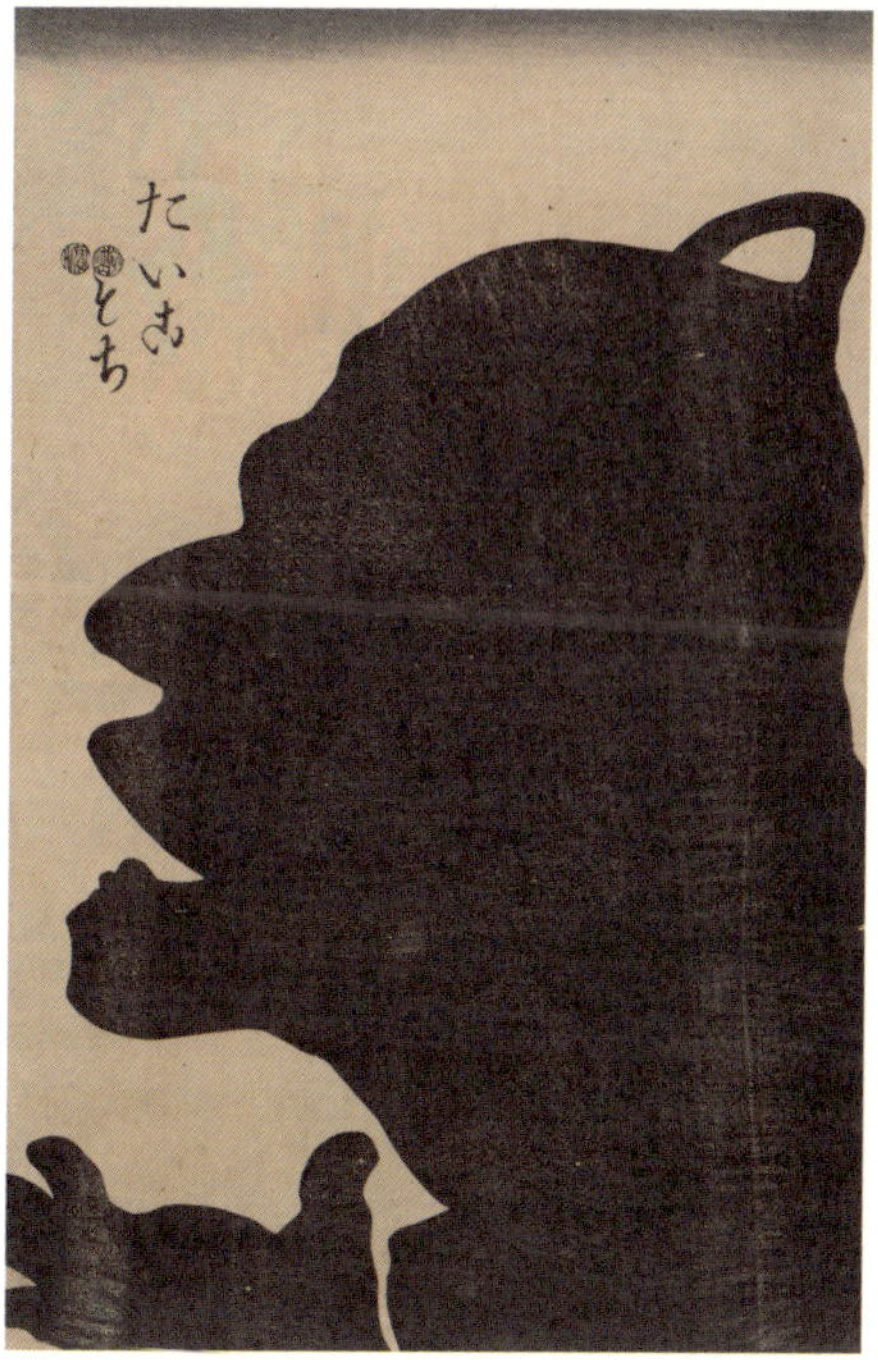

右の絵を影絵にすると……!? 勇壮な弁慶が卑屈なたいこもちに大変身する。
「其面影程能写絵・弁けい」「たいこもち」 歌川国芳筆
江戸時代(19世紀) 縦大判
38.5×26.4㎝

絵師から受けている影響がとても大きいことを紹介させてもらいました。番組で蕭白が漂泊した伊勢を訪ね、朝田寺で大好きな「唐獅子図」と対面。初めて辻先生や山下先生にその思いを伝え、たくさんのお話を聞く中で、美術の持つ大きな可能性に触れることができました。それまで趣味として楽しんでいた美術が、今では自分の生活や仕事にこんなにも影響するようになる……当時まったく思ってもいませんでした。

蕭白や又兵衛、若冲、河鍋暁斎(67ページ)のオリジナリティは、どんな題材を描いていても、薄れることがありません。僕も役者として、これからたくさんの役を演じることになるでしょう。自分はどんな足跡をのこしていけるか、日々精進していかなければと思っています。

奇想シリーズ最後に紹介したいのは、江戸末期の奇才・歌川国芳です。歌川派でありながら、派の違う北斎に多大なリスペクトを送るなど、自由な感性でユーモラスな作品を数多く残した浮世絵師です。幕末の不安定な情勢をみごとに戯画に落とし込み、愚かな幕政を風刺するなど、ただおもしろいだけでなく、テクニックと反骨精神を併せ持ち、明治の世を見ること無く江戸の華として散っていった国芳の人物像に、僕はとても惹かれます。そんな魅力的な彼の下には、河鍋暁斎が弟子入りしています。国芳の自由なマインドを引き継ぎ、政府のお雇い外国人にも門戸を開いて、日本画を教えました。その中のひとりが、ジョサイア・コンドル。鹿鳴館や関東大震災以前のトーハク本館を設計したその人なのです。

COLUMN 2

ポスター撮影@応挙館

作品の余韻に浸りながら本館のラウンジを歩いていると、薄暗い館内とは対照的に、明るく開放的な景色を窓から望むことができます。敷地の北側に広がる日本庭園です。池を中心に5棟の茶室を配し、四季折々の花や紅葉に彩られる憩いの空間。ここは、僕にとって大切な思い出の場所でもあります。そもそも美術ファンとしてトーハクに足繁く通っていた僕が、仕事としても携わるようになったのは、２０１２年のこと。広報室長の小林牧氏から、キャンペーンのキャラクターにと、嬉しいオファーを頂いたのが始まりでした。もちろん快諾！早速「東洋館リニューアルオープン」と「博物館に初もうで」のポスター撮影に取りかかりました。その記念すべき最初の撮影地が、庭園に佇む茶室のひとつ「応挙館」だったのです。

円山応挙筆の墨画が床の間や襖に描かれた応挙館（現在は模本）は、江戸絵画好きの僕には憧れの建造物。まずは茶室の墨画をじっくり鑑賞させていただきました。間取りを巧みに利用した立体的な構図、日の当たり具合により表情を変える絵柄、計算しつくされた美のバランスに驚きと発見の連続でした。絵画を本来あるべき姿で見られるのは、画家の技やメッセージをダイレクトに感じる貴重な体験です。さらに当日は絵画・彫刻室長の田沢裕賀氏のご協力のもと、長谷川等伯の「松林図屏風」の超高精細な複製を室内に

セットして頂きました。興奮する気持ちが抑えきれず、キリっとしたいのに、ついニヤリとしてしまうのでした。午後はリニューアルオープンに向け作業中の東洋館へ。驚くほど透明度の高い展示ケースと、デザイン室長の木下史青氏の絶妙な照明によって、まるで宇宙のような空間ができあがり、ワクワクしている間に撮影は無事終了したのでした。庭園や茶室は、いわば日本美術を集約した総合芸術。年に2回、桜と紅葉の時期に一般公開され、自由に散策することができます。晴れた日は、デートや家族とのお出かけに利用するのにぴったりです。茶室も予約制で茶会・句会などに利用することが可能です。上野の森の自然の香りでリラックス。そんな楽しみ方もできるのです。

クリエイティブディレクター：岡田圀孝／アートディレクター・コピーライター：北川潤一／ヘアメイク：樅山敦／スタイリスト：上野健太郎／着付け：笹島寿美

庭園開放期間、茶室の利用方法については、ウェブサイトを確認するのが◎。ボランティアによるガイドツアーやお茶会も月に1〜2回実施されています。

「東洋美術をめぐる旅」というコンセプトのもと、リニューアルオープンした東洋館。照明やガラスなど各所に最先端技術を取り入れ、展示が格段に見やすくなりました。真っ暗な展示室に浮かび上がるように並ぶエキゾチックな所蔵品の数々は本当に魅力的です。東洋館で中国、朝鮮半島、東南アジア、西域、インド、エジプトから「美」や「技」といった多くの文化が日本に伝来してきたことを体感すると、本館や法隆寺宝物館などの日本美術の所蔵品、考古遺物がさらに面白く見えてきます！

EXOTIC TRAVEL

東洋　CHAPTER 3

博物館でエキゾチック・トラベル

東洋館11室「クメールの彫刻」展示室にて

シンプルな造形とポイント的に施された細かい装飾が美しい！
「観音菩薩立像」カンボジア、アンコール・トム死者の門 アンコール（12～13世紀） 片岩 高146.1cm フランス極東学院交換品

上：東洋館11室にて「ナーガ上のガルダ」カンボジア、バプーオン入口と象のテラス　アンコール（12～13世紀）フランス極東学院交換品
下：法隆寺宝物館第2室 金銅仏にて

旅することはもちろん、旅行記も大好きです。
先生の話からは、東洋美術を
五感で捉えていることが伝わってきます！

教えて！トーハクの先生②

勝木言一郎氏（東洋美術史）

僕は「美」を見つめることは、作品の背景に広がる風土に思いを馳せることだと思っています。だから、「旅」をして現地の空気を味わうことが欠かせません。「美術」と「フィールドワーク」は、一見つながらないように思われがちですが、実は切り離すことができない。東洋美術史が専門の勝木言一郎氏に、フィールドワークの重要性を伺いました。

井浦　以前、先生から伺った中国でのフィールドワークのお話がとても印象深くて！　僕は、自分が旅をするのはもちろん好きなのですが、旅行記を読んだり、人から旅の話を聞いたりするのも大好きなんです。先生の話からは、東洋美術を五感で捉えていることが伝わってきて、やはりフィールドワークが大切

百聞は一見にしかず！
美術史研究はデスクワークに見えるけれども、
実はフィールドワークなんですよ。

なのだなと実感しました。

勝木　体感した方が理解しやすいのは、確かですね。やはり、百聞は一見にしかず……ということではないでしょうか。美術史研究はデスクワークのように見えるけれども、フィールドワークの要素がとても強いんですね。それは実際、モノを見ることによってしか確かめられないことがたくさんあるからです。例えばお寺まで行って仏画や仏像を調査させてもらったり、美術館や博物館で作品を見たりするなど、外に出てもモノを見ることがとても重要です。

井浦　その重要性に気が付いたのは、いつですか？

勝木　大学時代に美術史研究を志し、大学の先生や先輩からモノを見るように言われ、「一週間に一度は展覧会を見よう」と心がけていました。

オアシス都市クチャで発見された
舎利容器の蓋には、楽器を奏でる
有翼の天使が描かれている。
「舎利容器」中国　クチャ・スバシ
（6～7世紀）木、布貼彩色　高31.0
×径38.0㎝　大谷探検隊将来品

井浦　うらやましい！　実はそれって時間のある学生時代だからこそできることで、社会人になるとかなり難しくなりますよね。できることなら学生時代の自分に教えてあげたいです。

勝木　ただ、本格的にフィールドに出るようになったのは、中国に留学してからですね。授業そっちのけで（笑）、あちこちの石窟や遺跡などをひたすら調査していました。

井浦　80年代の中国……。当然ハードな旅になりますよね。

勝木　僕は89年、天安門事件の後に留学しました。その頃はまだ外国人専用の紙幣（兌換元《だかんげん》）があったり、天安門広場にも簡単には入れなかったり……そんな時代でしたね。まだ自転車が中国人民の足として大量に走っていましたから。

井浦　もう見られない光景だ。

勝木　とにかく中国のフィールドワークは、まず交渉から始めなければいけなくて。有名な石窟は中国人も知っているので良いのですが、辺鄙な場所にある小さな石窟は、地元の人も知らないんです。特に若い人は誰も知らない。まずは石窟のある地域まで辿りつく。辿りついたら、年配の人を探して、「どこそこ知りませんか？」と尋ねて、そこでようやく目的地に辿り着く。辿りついて、管理人がいれば交渉ですよね。交渉してすぐに調査のＯＫが出れば良いんですけど……、許可が簡単に出ない時もあるので、その当時の留学先の学生証を見せたり、僕は吸わないのですがタバコを持っていって勧めてみたりして、ようやく中に入れてもらうんです。目的地に辿り着くことに始まり、交渉を重ねる。その時点からフィールドワークは始まっているんですよ。

井浦　常にその場で直談判！

勝木　中国留学の前に、法隆寺金堂壁画に類似した敦煌の壁画をテーマに研究していたんです。留学中に現地で『中国名勝詞典』という本をパラパラと眺めていたら、自分が修士論文に書いた図像とそっくりな石仏が四川省の臥龍山《がりゅうざん》千仏岩という石窟に残っており、そこに石碑があるという記述を見つけたんです。これは絶対に行かねば！　と。北京から電車を乗り継ぎ、四川に向かいました。その後バスに乗ったり、ヒッチハイクをしたり、トラクターに乗ったりして、やっと着いたら農夫が管理していて「お前たちはどこから来たのか？」と四川訛りの中国語で聞いてくるんです。一から交渉をして開けてもらいました。

「例えば興福寺の乾闥婆像は頭に獅子の兜を被っていて、ヘラクレスとのつながりは明らか。確実に東西交流から生まれた造形ですよね」と、勝木氏が広げる図録に興味津々な様子。資料館にて。

東洋館5室「揺銭樹」前にて

井浦　あったんですか!?

勝木　敦煌の壁画にそっくりな石仏がありました。石碑もあり、唐時代、しかも日本で起こった「大化の改新」（乙巳《いっし》の変）よりも早い時期に作られたことが分かりました。石仏を実測したり、記録をとったりするなど、その場で調べられるだけ調べました。農夫には「早く出て行け！」と言われながら（笑）。その頃の日本ではまだ四川省の仏像があまり紹介されていない時代だったので、帰国後、学会で発表させてもらいました。調査が終わり、トラクターに乗って現場から戻った時の気持ちは今でも忘れられないですね。

井浦　本当に素敵なエピソードですね！　しかも、それが研究だというのがすごい……。過酷さは、もはや探検ですね。

勝木　今は中国もかなり近代化が進んでいますが、当時のフィールドワークはそんな感じでした。ですから、さらに昔、大正期にシルクロードを調査した大谷探検隊は本当に苦労したと思います。井浦さんは中国に行かれたことはありますか？

井浦　映画の撮影で、北京を中心に2ヶ月ほど生活したことがあります。そこで西域の風景を壁中に張った飲食店を多く見かけました。西域への憧れというか、僕たちが例えば沖縄料理やタイ料理店などに、南国風の雰囲気を求める感じに似ていると感じたんです。

勝木　辺境への憧れですね。

井浦　辺境、秘境。僕自身がそのキーワードにすごく惹かれますし、中国の人たちにとってもシルクロードを渡って来る西の文化が魅力的なものだったんだろうなと感じました。東洋館や、法隆寺宝物館を歩いていると、その感覚を思い出します。日本美術を知るのに、シルクロードの文化を知ると、また見え方が随分変わりますね。

勝木　それこそ、他を見て己を知る。という言い方がピンと来ますね。仏像などを美術的な視点で見ても、インドからシルクロードの各地であらゆる文化が重ねられて、最終的に日本に辿り着いていることが分かります。それこそ、玄奘三蔵。『西遊記』でお馴染みの三蔵法師は、国禁を破ってまでインドにお経を取りに行ったわけです。私たちがよく誦える「般若心経」も玄奘が訳したものですから、日本への影響はとても大きいですよね。

井浦　気がついてないだけで、本当はあらゆるところに影響があるんですね。僕は山岳信仰のシンボルである烏天狗、頭が老人で体が蛇の形をした宇賀神、龍などの幻獣……。何故か異形のもの、個性的な造形に神秘的なものを感じて惹かれるんです。ガンダーラの仏像や、大谷探検隊将来品なんかを見ていると、幻獣の中にはシルクロード経由のものがあることを感じます。

勝木　そうですね。例えばガルダは、東西文化交流が顕著に分かるモチーフかもしれません。ローマにあるポルタ・マッジョーレのヴォールト天井装飾など、古代地中海世界には「オオワシにさらわれるガニュメデス」という図像があるんですね。それがガンダーラでは「龍女ナーガをさらうガルダ」に変わる。ガニュメデスは美少年で、雨を司る神としての側面があり、龍やナーガもやはり水の守り神だったり、雨と関わりが深い。おもしろいですよね。あるひとつの主題が、ギリシャ神話、ヒンドゥー教、ゾロアスター教、仏教とさまざまな文化に乗って広がっていくわけですから。

井浦　ローマからインドを経て、中央アジア諸国、中国、そして日本に伝わっていくんですね。確かに日本でもゾロアスター教の影響を感じる火祭りがあります！

勝木　西域だと天山北路のオアシス都市トゥルファンは、ゾロアスター教やマニ教、そして仏教がそれぞれ信仰されていた時代があって、モンゴル帝国以降、イスラム化します。ひとつのエリアでも文化があたかも地層のように堆積していくんです。

井浦　ギリシャからシルクロードを経た東西交流の流れを聞いていて、なおさら日本は特異な場所なんだと思いました。大陸では文化の伝わり方がすごくダ

「これは大変な旅だ！」大正3年(1914)3月、ゴビ砂漠を進むキャラバンの様子。第3次大谷探検隊、吉川小一郎のラクダ隊(写真提供：龍谷大学図書館)

「龍女をさらうガルダ」パキスタン　クシャーン朝（2～3世紀）片岩　60×37×12.5㎝

東洋館3室にて

イレクトで、変化もきっとダイナミックだったんだと思うのですが、日本はそれらの集積地になっていて。ギュッと絞った一滴が落ちてくるというか、うまく言えないのですが、島国故に文化が流れださずに留まって濃度が濃いと言うのか……。

勝木　〝絞った一滴〟は、良い表現ですね。

井浦　シルクロードの全てではなくて、濃縮されたものが下地になって日本文化のベースが作られている。さっき先生がおっしゃっていたように、外を見ることによって、ユーラシアにおける日本文化の位置づけがより鮮明に見えてくることが分かりました。日本を知るのに、日本を見ていくのはもちろん大切なことですが、さらに全体の枠組に目を向け、日本がどのように文化を取り入れたのかを知ることは重要ですね。東洋館はそれを体感できるのが、面白いです。

勝木　私も法隆寺や正倉院などのモノも見ていると、そう思います。井浦さんの感じた〝ギュッと絞った一滴〟を日本の美術品を見る糸口にしてみるのも良いかもしれません。トーハクの中で、美術の旅やアジアの旅ができる面白さを、多くの人が感じてくれると嬉しいですね。

井浦　僕は、フィールドワークを通して幅広い視野を持つことの重要性が分かり嬉しいです！

勝木 言一郎（東洋美術史）

専門は敦煌壁画など、中国石窟に見られる仏教図像の研究。近年はシルクロードをテーマにした東西文化交流史の研究も進める。東京国立博物館では、出版企画室長として「本を通して博物館や作品のおもしろさを伝えたい」と、図録や研究誌『MUSEUM』の刊行を手がけている。

龍蛇からみる東西交流

吉祥、水の神、魔除け
神出鬼没な幻獣界のスーパースター

弥生時代の遺物には、大陸から伝わってきた文化の影響が色濃く見られます。その後も絵画、工芸など日本美術のなりたちは、東西の文化交流の存在なしには語れません。先のインタビューでもお話した通り、僕は龍蛇のモチーフがとても好きです。龍蛇のイメージがもつ神秘的な存在感や、その独特のフォルムにとても惹かれます。嬉しいことにトーハクには、数多くの龍が住み着いています。勝木先生から教わった世界各地における龍蛇について、さまざまな作品に登場する僕好みの龍を紹介したいと思います。

まず龍のおもしろい点は、想像上の動物でありながら、ヨーロッパでは「ドラゴン」、インドでは「ナーガ」、中国や日本では「龍」として類似のイメージが共有できるところです。ただ西洋の「ドラゴン」は、守護聖獣としてのイメージがある一方で、もっぱら退治される存在として登場することも多く、そのイメージがオリエントからギリシヤ・ローマへと伝わっていきます。インドで生まれた「ナーガ」は、七つの頭を持ち、形状は完全にコブラ。雨を降らすことができる神、仏教を守る神として信仰され、中国に伝わると「龍」「龍王」と翻訳されたそうです。中国の龍は体型が細長く、角やひげが生えたおなじみの姿です。やはり雨や水との関係が深いという点は、ナーガと共通しています。

左の「揺銭樹」からは、1〜2世紀における龍のイメージを認めることができます。そして、このフォルムこそ僕が惹かれる龍の原型のような気がしています。蛇のようにグネグネと

美しいカーブを描く龍に、銅銭がたくさん付いている。揺銭樹は、死者に富をもたらし、天に導くと考えられていた。「繊細な加工が際立つ枝葉は是非近くで見るべき!」

「揺銭樹」中国　後漢時代（1～2世紀）
青銅（上部）緑釉陶（台座）高123cm

首から取手部分は龍、水瓶の胴の部分にはペガサスが！
国宝「竜首水瓶」日本 飛鳥時代（7世紀） 銅鋳製鍍金銀
高49.9×胴径18.9㎝ 法隆寺献納宝物

蓋のつまみ部分にも、とぐろを巻いた龍が鎮座している。
「饕餮文瓿」中国 殷時代（前13世紀～前11世紀） 青銅 高
60.7×径32.5㎝ 坂本キク氏寄贈

しているのに、繊細なひげの表現などは、シャープさやスピード感も感じさせる。揺銭樹のトップに飾られた鳳凰とともに、2000年も前に、すでに青銅をこんなにも繊細に加工することができた技術にも驚かされますし、東洋館3階の中国考古・工芸エリアの中でも、抜群に神秘的で美しい佇まいに目を奪われました。中国では死後の世界でもお金が重要だと考えられていたので、銅銭がふんだんについた揺銭樹を棺と共に墓に納めていたそうです。勝木先生曰く特にこの収蔵品は、「幹も折れていない、枝葉部分の欠損もほとんどない。台座のヒツジもきれいなまま残っていますね」とのこと。当時これがピカピカに光っていたことを想像すると、どんなにミステリアスだったろうと思います。

龍蛇の歴史は本当に古く、「揺銭樹」からさらに遡ること約1000年。紀元前13～11世紀に、すでに登場しています。東洋館リニューアルオープンのポスターで共演させてもらった、大型青銅器の名品「饕餮文《とうてつもん》瓿《ほう》」もそのひとつ。儀式に使うお酒や水を入れていた器で、「饕餮」という中国神話の怪物で飾られています。龍はその両脇を固めるように文様として控えめに描かれています。控えめといっても、このデコラティブなデザインセンスはすごい！ 日本はその頃、縄文時代ですから、つい土偶や火焔土器の造形と比べてしまいます。では、中国から最初に龍が日本にやって来たのはいつ頃なのでしょうか？ 勝木先生に尋ねると、日本の龍蛇のイメージは「在来のイメージと外来のイメージが混

インドからタイ、カンボジア、インドネシアなどに多くみられる蛇に似たナーガ。仏陀が雨に濡れないように、傘のように守っている姿を現している。
「ナーガ上のブッダ坐像」カンボジア、アンコール・トム　アンコール（12世紀）　砂岩　高65.2cm　フランス極東学院交換品

右：「紫裾濃威筋兜」日本　江戸時代（18世紀）　鉄製　最大幅47.8cm　松平直亮氏寄贈
左：「自在置物・龍」里見重義作　日本　明治40年（1907）　銀製　長51.5cm

在している」とのこと。確かに縄文土器には蛇を表したものがあり、弥生土器にはすでに龍と思われるモチーフが登場している。神話の悪役「ヤマタノオロチ」は、退治されるという意味で中国よりも西洋的なドラゴンのよう。これが在来の龍蛇のイメージで、卑弥呼の鏡とも言われる「三角縁神獣鏡」や高松塚古墳の壁画などに見られるように古墳時代には外来の龍蛇のイメージも増えていきます。その後、仏教の伝来とともにナーガのイメージが付加されるようになり、為政者、戦国の武将、絵師、職人、美術愛好家たちと万人に愛され、現代の映画、漫画、ゲームにいたるまで本当に連綿と受け継がれていきます。想像上の動物なのに、強烈な存在感。改めて龍の強靭な生命力に圧倒されました。

「龍頭観音像」（部分）　河鍋暁斎筆　日本　明治時代（19世紀）　1幅　紙本墨画

ARATA'S FIELDWORK ALBUM 7

LUCKY CHARM

吉祥文様　－蝙蝠－

撮影時に、本館16室に展示されていた「博物図譜」を鉛筆でスケッチ！

「龍」と同じくらい、場合によってはさらに好きかもしれないモチーフに「蝙蝠《こうもり》」があります。ドラキュラの印象が強いせいか、なんだかダークなイメージを持つ人が多いかもしれませんが、蝙蝠の「蝠」の字は中国語で「福」と同じ発音であることから中国では古くから吉祥文様として愛されています。福砂屋のカステラのロゴマークになっているので、もしかしたら九州の人にとっては馴染み深いのかな？

雑誌の取材で伺ったご縁で、浅草寺本堂の大提灯などを手がける江戸文字・寄席文字の書家、橘右之吉氏に蝙蝠をモチーフにしたオリジナルのミニ千社札を作って頂きました。よく見ると「新」の字の中に、蝙蝠が潜んでいます。光と闇、静と動。自然の神秘を表現して欲しいというオーダーを、見事に表現してくださいました。

「青花紅彩蝠雲文壺」中国・景徳鎮窯「大清乾隆年間」銘　清時代（乾隆年間1736～1795年）高47.4cm

江戸伝統の文字と造形、その心を受け継いだ橘氏オリジナルの千社札シール。お気に入り！

「釉裏紅蝠雲文大瓶」（部分）中国・景徳鎮窯「大清乾隆年間」銘　清時代（乾隆年間1736～1795年）高50.6cm　広田松繁氏寄贈

仏像

文化の伝播をもっとも体感できる
信仰の対象としての第一級の芸術作品

「仏頭」中国 ホータン出土(3 ~4 世紀)
銅造鍍金　高17.0㎝

トーハクでは、本館2階の「仏教の興隆」「仏教の美術」展示室、1階の「彫刻」展示室、法隆寺宝物館、東洋館と、さまざまな角度から仏像を堪能することができます。例えば「彫刻」展示室(11室)では、江戸時代以前の日本の彫刻として仏像を見ることができ、東洋館では、インドからシルクロード、中国、朝鮮を経て日本に仏教が伝来してきたことを、各エリア展示を通して改めて考えることができます。仏像を通して日本に伝わった文化のルーツを紐解いていく……これは、各地で風土を感じることと似ている。仏像というテーマで、旅と同じ楽しみ方ができるのです。

僕自身、旅先でお寺に行くことが多いので、仏像の造形がいかにバラエティ豊かなものであるかを理解しているつもりでした。しかし、改めてエリア別や時代別に整理して見ると、顔の表情や衣、アクセサリーの表現、どの経典によるかで、多種多様に展開されていることに驚かされます。同じ展示空間で見ることによって、違いがよりクリアになると思います。

勝木先生とのお話でも触れたように、リニューアル後の東洋館に通うようになって、考古遺

「如来坐像」(部分) パキスタン ガンダーラ クシャーン朝 (2~3世紀) 片岩 高77.3㎝

西域のオアシス都市ホータンから伝わった図像に、「文殊菩薩化現図」がある。光背の迦陵頻伽《かりょうびんが》などユニークな造形が魅力。

重要文化財「文殊菩薩騎獅像および侍者立像」 康円作 日本　鎌倉時代（1273年／文永10年）像高：中央・文殊菩薩48.9cm、中央左・于闐《うてん》王（ホータン王）70.5cm、中央右・善財童子46.2cm、左・大聖老人70.0cm、右・仏陀波利三蔵66.6cm 各木造

武将・直江兼続のトレードマークである「愛」の字を掲げた兜は、愛染明王を信仰していたことによる。密教特有の憤怒の表情の明王。
重要文化財「愛染明王坐像」（部分）
日本　鎌倉時代（13～14世紀）　木造　像高64.0cm

左：「菩薩立像」（部分） パキスタン ガンダーラ クシャーン朝（2世紀） 片岩 総高81.0cm
右：「千手観音菩薩坐像」（部分） 日本 南北朝時代（14世紀） 木造 像高76.0cm

物や日本美術の作品の見え方が変わってきました。東洋全体に視野が広がったことで、日本美術を多角的に楽しむことができるようになったのです。特に、信仰の対象である仏像は、その時代、その土地の人が最高の技術を注ぎ込んだ芸術品です。6世紀以降の日本文化に多大な影響を与えた仏教、中でも仏像を造形として捉え、そこに「美」を見つけることが、とても重要だと感じています。

例えば、仏像誕生の地として知られるガンダーラ（現在のパキスタン北西部）の菩薩像は、顔立ちも西洋風で見事な腹筋がとても男らしい。ギリシャ彫刻の影響を受けていることを知り、改めて仏像が広範囲で、長い時を経て進展したことに思いを馳せることができました。

僕は各地を旅する中で、江戸時代の僧・円空が彫った円空仏に出合い、現代アートにも通じるその素朴で独特なフォルムの虜になりました。初めての土地に出かける際は、その付近に円空仏がないか、いつも探しています。ただ、生涯で12万体もの仏像を彫ったと言われ、その足跡を辿ることは容易ではありません……。厳しい修行を経て、木の中に仏を見出すまでになった円空の心に少しでも近づきたい。そう思って円空を巡る旅を

「如来立像」（部分） 円空作 日本 江戸時代（17世紀） 木造 高61.0cm 群馬・光性寺旧蔵 鴇田力氏寄贈

重要文化財「摩耶夫人及び天人像」
日本　飛鳥時代（7世紀）　銅造鍍金
摩耶夫人：高16.5㎝、天人像：高11.5～13.0㎝　法隆寺献納宝物

続けています。２０１３年1月から4月にかけてトーハクで行われた特別展「飛騨の円空－千光寺とその周辺の足跡－」は、飛騨の円空仏が１００体も勢揃いし、本当に素晴らしかった。まるで山の中にいるかのように美しく展示された円空仏に、現地で見る円空とはまた違った魅力を感じて嬉しくなりました。

木彫仏の中で、伝統とは違った表現をする円空のオリジナリティはとても興味深い。ただ、トーハクのさまざまな仏像を見ていると、円空が表現しようとした仏の姿をより理解するためには、伝統的な仏像を知らなければならないことにも気づかされました。美しい仏像に感嘆するだけでなく、博物館ではモノをしっかりと見ることが大切だということを、仏像を通して学んでいます。

法隆寺宝物館2室にて

重要文化財「伎楽面・酔胡従」日本　飛鳥～奈良時代(8世紀) キリ製彩色 縦29.6×22.8㎝ 法隆寺献納宝物

仮面

役者である僕にとって 仮面の持つ魔力は絶大!

法隆寺宝物館の中でも春、夏、秋に各1ヶ月しか展示されない貴重なお宝が、伎楽面です。ここに収蔵される31面のうち、クスノキ製の19面は現存する日本最古の面だそう! 仏像よりもグッとリアルな人間の表情に、僕は役者として、とても惹かれるものがあります。赤ら顔の「酔胡従」の何とも言えない悲しげな表情や、ニンマリとして楽しげな「酔胡王」には、思わず「お酒の席にこういう人いるいる!」とうなずいてしまいます。

当時のパフォーマーたちが、どんな気持ちでこの仮面をつけてその役を演じていたのかを想像する。博物館で展示を楽しみながら、自分の役者としての想像力を磨くこの尊い時間が、僕にとってたまらなく嬉しい時間なのです。

本館14室　特集陳列「日本の仮面　能面 是閑と河内」(2013年12月撮影)にて

左上:「伎楽面・迦楼羅」日本　飛鳥時代（7世紀）クスノキ製彩色　28.6×22.0cm　法隆寺献納宝物　右上:「能面・小癋見『天下一河内』焼印」日本　江戸時代（17世紀）木造　彩色　20.9×16.9cm　左下:重要文化財「能面・泥眼『天下一河内』焼印」日本　江戸時代（17世紀）木造　彩色　20.6×13.6cm　金春家伝来　右下:「伎楽面・酔胡王」日本　飛鳥時代（7世紀）クスノキ製彩色　32.6×19.8cm　法隆寺献納宝物

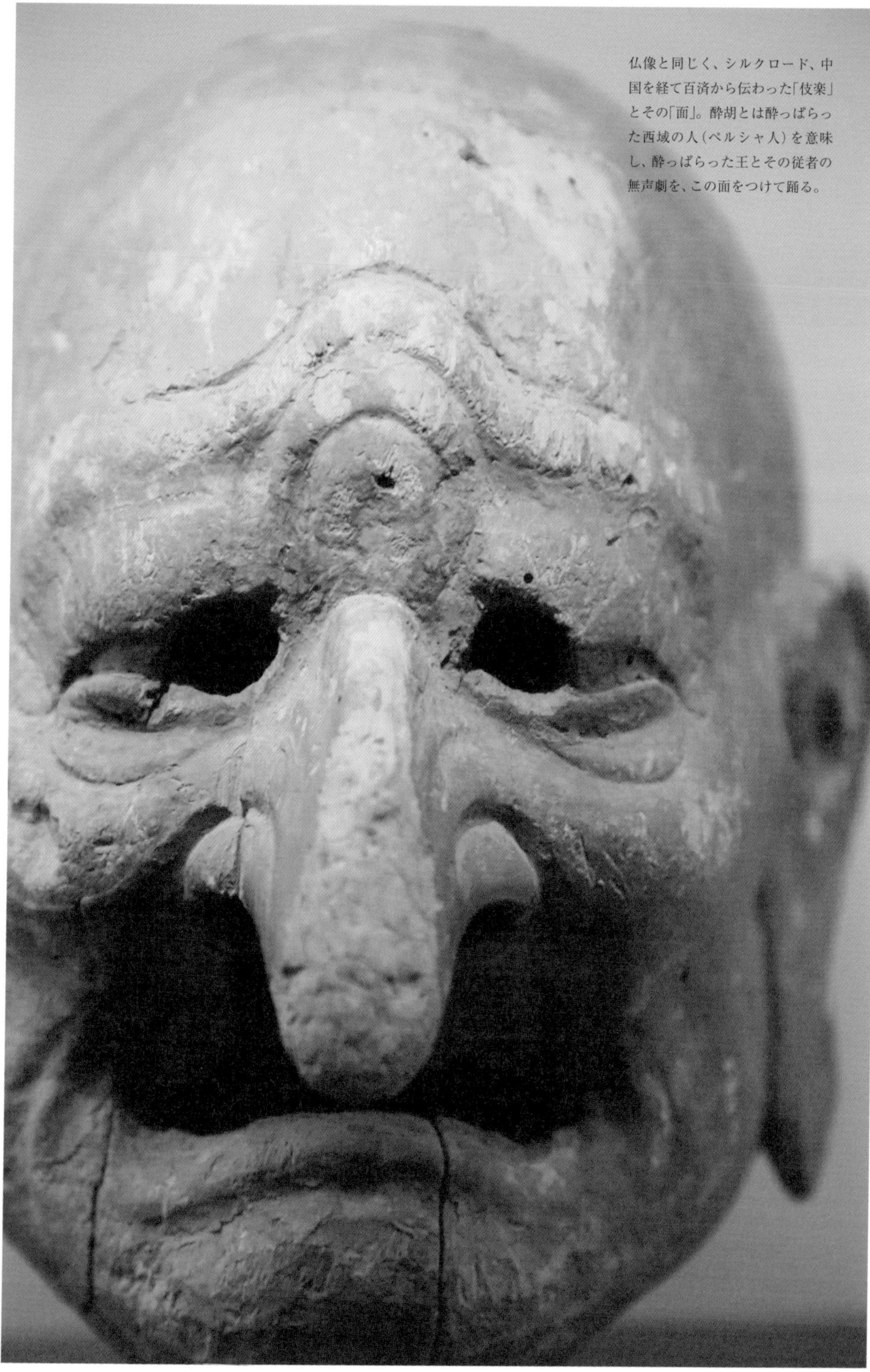

仏像と同じく、シルクロード、中国を経て百済から伝わった「伎楽」とその「面」。酔胡とは酔っぱらった西域の人（ペルシャ人）を意味し、酔っぱらった王とその従者の無声劇を、この面をつけて踊る。

ショーハク
すごい！

COLUMN 3

資料館を活用しよう

トーハクが収集してきた図書や写真を閲覧できる資料館。所蔵する資料は膨大で、図書は約23万冊、雑誌は約７０００タイトル、さらに写真資料は約35万件もあるのだとか。

　僕にとってここは、贅沢なくつろぎスポット。過去の展覧会の図録をゆっくりと眺めたり、珍しい考古遺跡を調べたり、いつも気の向くままに美術探検を楽しんでいます。興味深い資料が多く、高台寺の茶室・傘亭の「起《おこし》

古地図で、
お約束の
自宅探し！

『茶室おこし絵図集』(墨水書房) 昭和38年(1963)

閲覧コーナーも充実。思う存分、美術や歴史の世界に浸れます。入館無料。＊開館時間 9:30～17:00（資料閲覧受付9:30～16:00）＊休館日 土日祝休日、毎月末日（休日に当たる時はその前日）、年末年始、その他臨時休館あり

絵図《えず》」もそのひとつ。この本は実測に基づいた平面図が折り畳んであり、それらを組み合わせて茶室を制作することができます。僕も以前訪れた傘亭を思い返しながら挑戦しましたが、精密すぎて難しい！　プラモデルを作る時のように夢中になってしまいました。

　あまり知られていませんが、資料館のみの利用の場合は西門から無料で入館できます。上野公園を散歩がてら、気軽に立ち寄るのもおススメです。

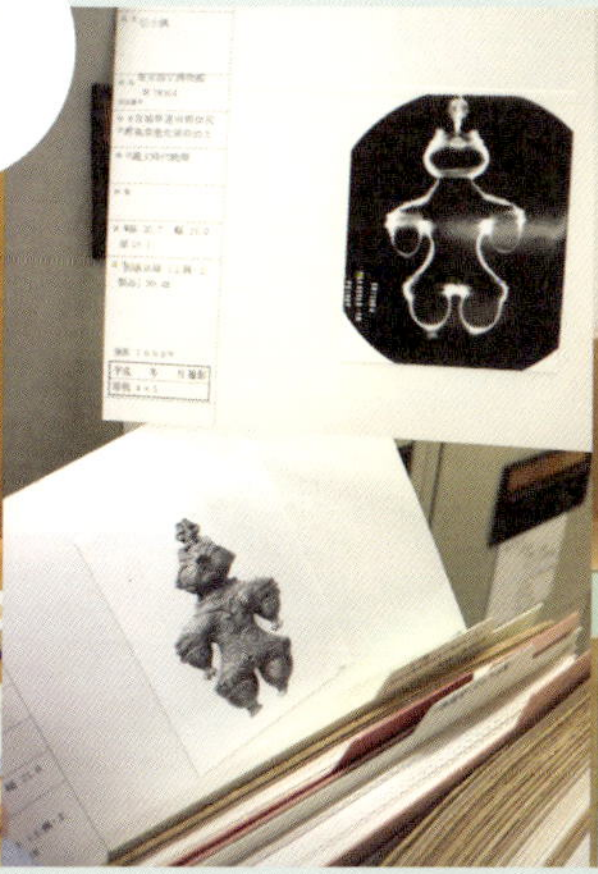

保存・修復に宿る日本人の技

東洋館3室　「パシェリエンプタハのミイラ」テーベ出土　エジプト第22王朝時代（前7世紀）長161.7cm　アンリー・マスペロ氏寄贈

技　CHAPTER 4

AMAZING SKILLS

僕は、伝統工芸の職人たちの手仕事がとても好きです。
日本が誇る文化を、多くの人に伝えたいと思っています。ただ、
現場を訪ねるほどに、近代化していく現代社会で伝統を受け継ぐことが
いかに難しいことであるかを考えさせられます。
今から数万年以上昔の旧石器時代のものから、明治から昭和という
近代にいたるまで、あらゆる時代の文化財を擁するトーハクでは、
膨大な文化財をいかにして守り、後世に伝えようとしているのだろう？
僕と普段見ることのできない保存・修復の現場を訪ねましょう。

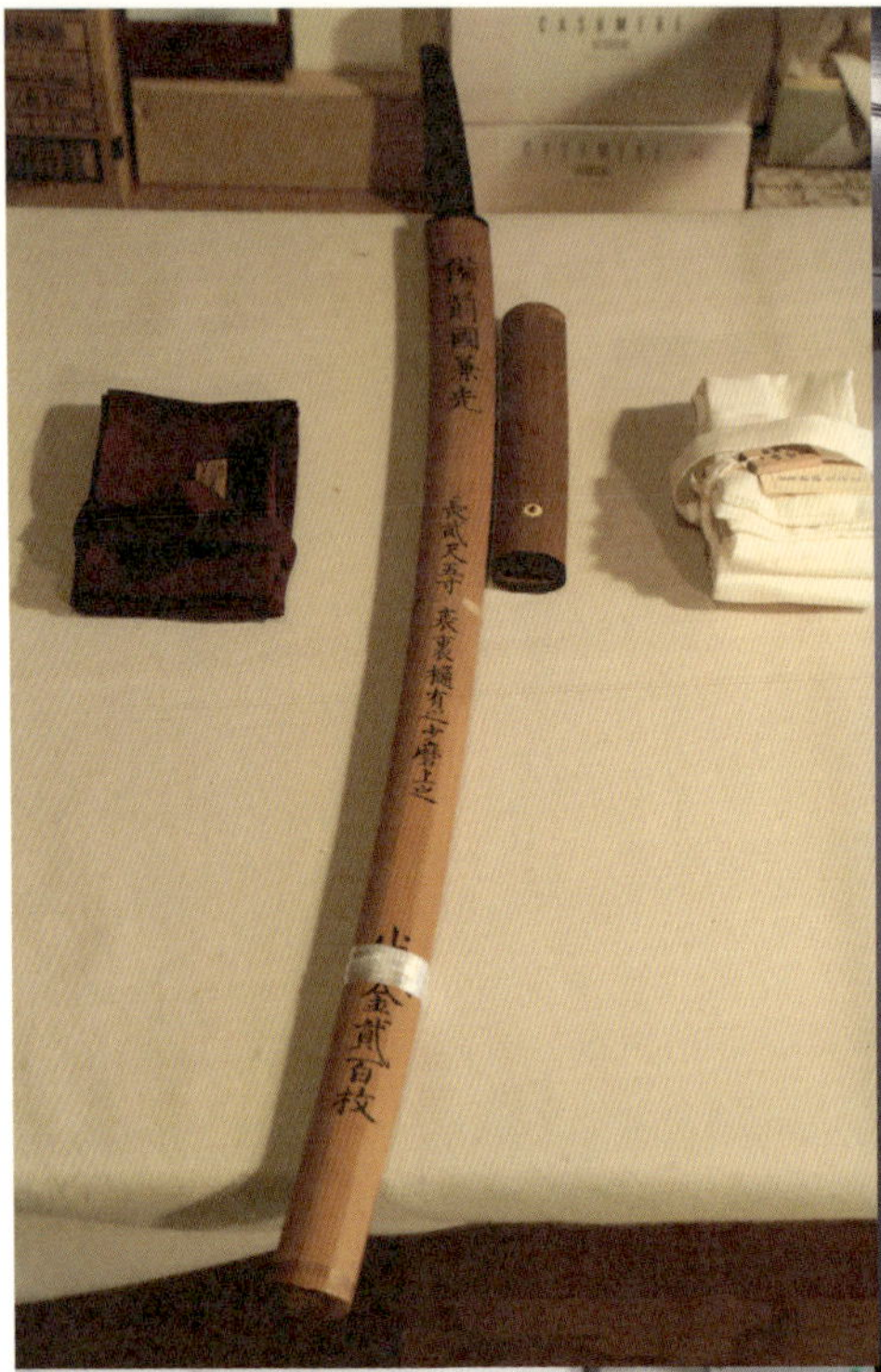
金貳百枚

感動も、一新する。
東洋館リニューアルオープン
2013年1月2日
東京国立博物館［上野公園］
保存修復室
Conservation Technology Section

「このようにボロボロになってしまった大正時代の新聞も、重要な資料として保存していかなければならないのです」と、神庭先生。

教えて！トーハクの先生③

神庭 信幸氏（保存科学）

博物館は、来館者に展示を楽しんでもらうだけでなく、文化財を収集し保管することも目的の一つであることも忘れてはいけない。日本の文化財保存研究における第一人者、神庭信幸氏に文化財への取り組みを聞きました。

井浦　東洋館リニューアルオープンのポスター撮影の際、青銅器の展示ケースの透明度の高さにとても驚きました。東洋館は特に照明が暗いと思うのですが、それが気にならないほど見やすい。しかも、気密性が高く文化財の保存にとっても良い環境なのだと聞いて、美しさと高い技術が両立している展示方法だということにグッと来ました。

神庭　実は、展示と保存・修復というのは表裏一体の関係なのです。透明度が高く、表面の反

展示と保存・修復は表裏一体の関係です。ダメージを予防することを第一に、作品を日常的に観察して保存カルテを作成しています。

射ができるだけ少ないガラスを使用することで、不要な照明を減らすことができます。特に日本の美術品は、熱や光に弱い素材で繊細なものが多いですよね。空気や湿度、照明などを検証していかに安全な展示ケースを作るかということは、とても重要です。科学的な視点をもって文化財を保存・修復することは「臨床保存学」と呼ばれているのですが、現状を維持してこれ以上傷まないように日々のケアをきちんとする。これが基本です。もちろん壊れてしまったものを本格的に修理することもありますが、ダメージを極力予防することを第一に、日常的に観察して保存カルテを作成しています。この15年ほどでやっと、約12万件の収蔵品の中でもスーパースターとされる1万数千件のカルテができました。

予防は日々の体調管理と定期検診、
大病を患っている人には外科的な手術も施す。
皆さんは、文化財の主治医なんですね。

修理室前にて

予防処置に欠かせない「保存箱」。保存・修復室の修復士米倉乙世氏によるもので館内では「米倉式」とも呼ばれる。美しい丁寧な仕事で絶大な信頼を得ている。

井浦　先生たちは、文化財にとっての主治医なんですね。日々の体調管理や定期検診から、大病を患っている人には外科的な手術も施す……。お話を聞いていると、まるで生き物を相手にされているように感じます。

神庭　無機や有機質の物質である文化財が、あたかも生きているように感じるというのは、それを守ろうとしている人間がいるからではないでしょうか。

井浦　なるほど！

神庭　人間と文化財はペアなんです。文化財から人間を取ったら、ほとんどがすぐに朽ちて無くなってしまいます。数百年以上経過している文化財を観察していると、大体１００から２００年に一度、何らかの修復を施した跡が見つかります。何百年と彼らが存続しているのは、作り手と、守りたい人間がいたからだと思います。

井浦　人とモノの関係だけど、実は人が人へと伝えているんですね……。僕は自分自身も修復士という仕事にとても憧れを感じていて、もっと若い人や子どもたちにこの職業を知ってもらいたいと思うのですが、やはり狭き門なのでしょうか？

神庭　今、全国に１０００人くらいいるはずなのですが、資格があるわけではないということと、職場が限られているためフリーランスでやるしかない状況です。私たちもどんどん専門家になってもらいたいのですが、５０００館以上の公立博物館のうち、専門家がいるのは20館くらいで、いたとしても大体1人ですから。何としてもそこを広げていきたいと思っています。

井浦　ひとつの美術品を見て、その背景に長い歴史とともに多くの人の手や、様々な技術が携わっていることを考えると、また楽しみ方が変わります。美術や、伝統工芸がよく分からないという人は、科学的な分析や技の面白さに注目するのも良いかもしれませんね。

神庭　そういう視点で美術品を見ても、博物館を楽しめますね。歴史と空間と……博物館はすごくパースペクティブな空間ですよね。展示室は狭くても奥行きがあるというか、見えないものをいかに想像するか？　そうすれば世界はどんどん広がっていくんです。

井浦　本当にそう思います。

神庭　では、さっそく修復の現場へ行ってみましょうか。

井浦　楽しみにしていました!!

神庭　日本に古くからある伝統的手法と、最先端技術。どちらもきっと興味深いと思いますよ。

神庭　ここが刀剣修復室です。

井浦　トーハクの地下にあるこの部屋！　前を通るたびにずっと気になっていました（笑）。

神庭　こちらは、客員研究員として刀剣の修復を担当している研師《とぎし》の小野博柳さんです。

井浦　よろしくお願いします！

神庭　まず、この部屋に入って気がつくことはありますか？

井浦　光……でしょうか？

小野　その通りです。

神庭　壁などが全体的に古ぼけて見えますが、あえてこういう光になるように塗り替えをしないで昔のままの状態にしてあります。研磨《けんま》や点検をする際に、必ず刀剣の表面を見なければならないのですが、刀身《とうしん》というのは非常に光沢があるので、中々見えないのです。できるだけ光が一方向からくるよう、意図的に白い壁にせず空間に光が拡散しないようにしています。

井浦　今やっている作業はどういうものですか？

小野　これは「研ぎ継ぎ」という作業です。刀身の極一部分を研ぐことを言います。「研ぎ継ぎ」に対応して「全研ぎ」というのもあります。これは全部を一皮むくように研ぐことで、刀身全体に錆が出ている状態の時に行います。「研ぎ継ぎ」は、刀身に錆が出ているのを見つけたら、すぐにそこだけ落としていくという作業です。他の作品でも行う予防的な作業と同じです。錆が深く大きくならないうちに取り除く。そうすることで刀身全体の目減りを減らしていく。研ぐとその分減りますから、文化財は出来るだけ研がない方が良いわけです。「研ぎ継ぎ」をすることで、ほんのわずかな部分が無くなりはしますけ

ど、全研ぎするよりはずっと良い。定期的に行なう手入れ、点検なのです。

井浦　ちなみに今研いでいる刀はいつ頃作られたものですか？

小野　南北朝時代です。

井浦　５００年前のものとは思えないほど美しいですね……。

神庭　それだけ時間が経っても、これだけの鉄の塊がいまだに綺麗に残っている。それはずっと大切に手入れをされ続けてきたからなんですよね。点検と最小限の処置を臨床保存学では「ミニマムトリートメント」と言いますが、まさにこれがそうなんです。点検して問題があった箇所を早期発見、早期治療、しかも最小限の処置で終わらせる。私たちが科学的に行なっているこの方法は、世界的にもこの20年くらいで広がった考え方なのですが、実は刀剣の世界にはこの思想が昔から根付いている。平安の太刀《たち》だと１０００年ほど経っているものもあります。もし手入れをせず、錆だらけにしては研ぐということを繰り返していたらその都度１ミリ程度削れてしまうので、そんなに長くもちません。それは鞘も同じで、どうしても木製のものは歪みや反りが生じます。それが刀身に当たるとそこから錆が発生します。ですから刀も研ぎますが、同時に鞘の内側も削ってはじめて「研ぎ継ぎ」をした刀を鞘に収めることができるのです。

井浦　西洋の剣も同じようなことをしているのですか？

神庭　こういった作業はないですね。日本の刀剣は、文化財の中でも世界に類を見ない特殊なジャンル、深い世界です。

小野　トーハクには１０００振ほどの刀が収蔵されています。

それを45年手入れしていますが、本当にきりのない仕事です。

井浦　45年！　素晴らしいですね。日本刀というと、どうしても刀鍛冶を思い浮かべる人が多いと思うのですが……。

小野　研師と刀鍛冶は、静と動と言えるかもしれません。刀はすべてが分業制で、ほかに鞘を作る鞘師、はばきを作る白銀師《しろがねし》などが一丸となって初めて一振りの刀が出来上がります。

井浦　その中で、出来上がってからもメンテナンスを行なうということは、研師が一番長い時間刀に触れているのですね。

小野　そうですね。

井浦　刀剣の展示室は独特な緊張感があって好きなのですが、正直なところ何を見ていいのか分かりづらくて……。聞いたことのある刀鍛冶の名前や、誰が使っていたか？　などにしか注目できずにいます。以前、映画で三島由紀夫を演じたときに、関孫六《せきのまごろく》の刀を見ながら「三本杉か……」と呟くセリフがあったのですが、イメージが掴みにくくて。初心者は刀剣のどこを見れば良いのでしょうか？

小野　三本杉は尖った山形を三つ連ねた刃文で、美濃の刀工、兼元（関孫六）作風の特色です。刀鍛冶は自然を意匠として取り入れて、表現しているんです。江戸時代になりますと、刃文の形に波や雲などを表した刀も出て来ますよ。

井浦　景色を表現している！

小野　そう、キャンバスなんです。きれいな稜線のように見えたら、山並みのようだなとか、色んな見方ができます。まずは全体の姿を楽しんで、そこから自分の好きなように見て、自分なりに受け止めて欲しいですね。

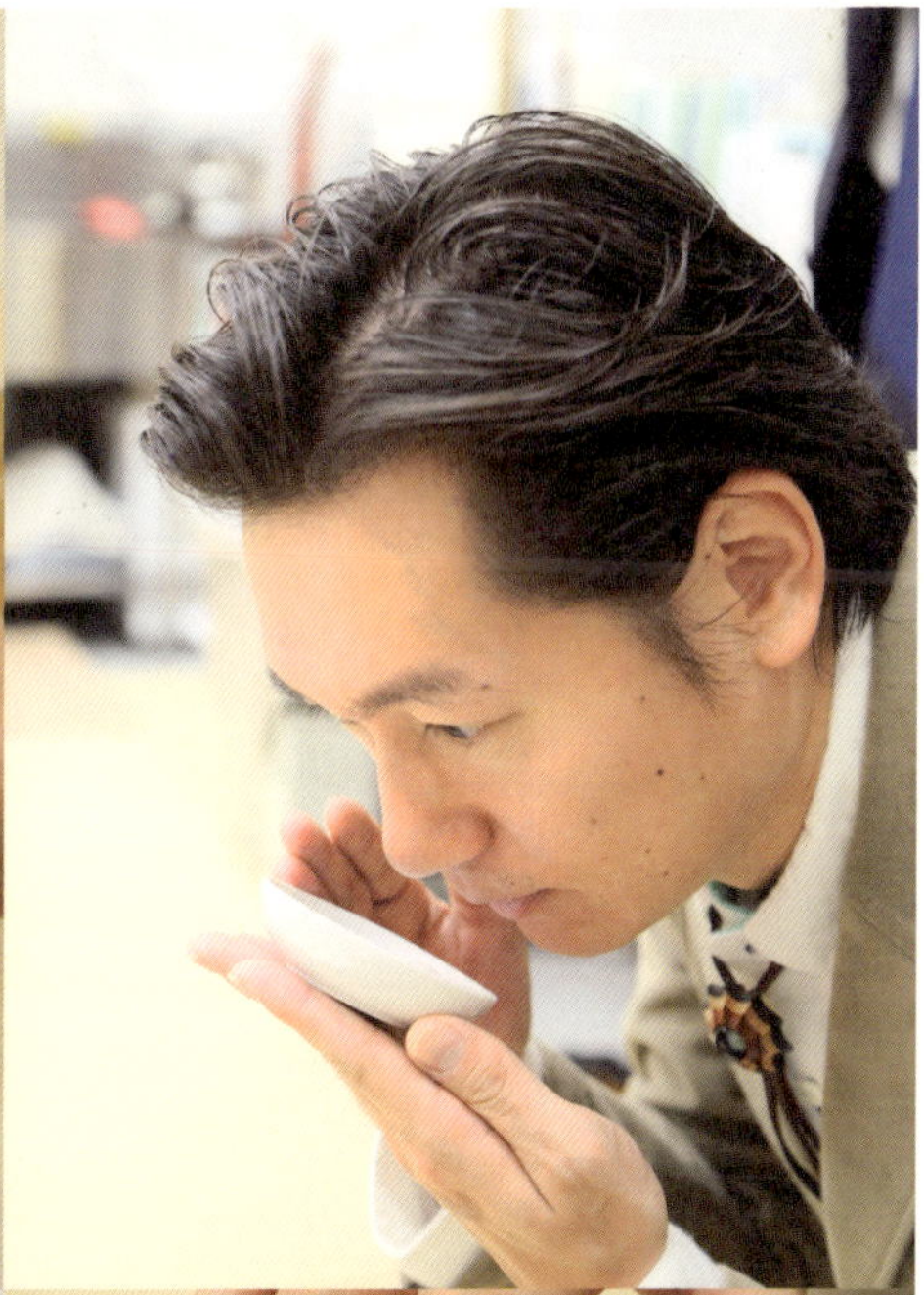

左上・左下：日本画の修復に欠かせない和紙。透けるほどに薄い和紙や、人工的に劣化させて簡単に割けるほどに強度を弱くした絹など、作品にダメージを与えないよう修復の素材には万全の注意が注がれている。 右上・右中：接着剤として使用する小麦粉デンプン糊の香りを嗅ぎ、手に取って感触を確かめる。「お湯に溶いたら甘酒になりそうな香りがする！ 粘着力が優しいですね」 右下：海藻を天日干しした「布海苔」。「これは海藻らしい、海の匂いがします。これが伝統の技を守る素材なんですね」

神庭　さて、次の場所は残念ながら撮影禁止なのですが、国宝の修理室をお見せします。「本格修理」と呼ばれる大規模な修復を行なっているところです。

井浦　狩野永徳の「檜図屏風」。圧倒的なパワーですね……。

神庭　私も特に好きな絵画です。国宝ともなると、大規模な修復は２００年に一度くらいなので、担当できてとても嬉しいです。前回の修復記録の十分な文献がなく、はっきりと分かりませんが、江戸時代の初期には、八面の襖の一部を屏風にしています。

井浦　本当だ！　引き手金具の跡が見えますね。

神庭　現在はまず一扇ずつに解体して「裏打ち」という補強用の和紙を張り替えています。できるだけオリジナルの状態を保つように修復するのですが、何世代も人の手を経るため当初の

科学的視点、伝統的手法、最先端技術……
作品を守り、本物を未来に残すコンサバターたち

姿のまま残っているものはほぼありません。昔の修理を今回の修理でどう取り扱うか、これがとても難しい。最近は当時の修復をそのまま残すことが多いのですが、修理の材料も長期的に安定し、同時に１００年後でも安全に取り替えることができるものを選ぶようにしています。

井浦　この布海苔《ふのり》や膠《にかわ》ですね。やはりケミカルなものより、天然素材が良いのですか？

神庭　そういった素材の方が経年しても文化財を傷めていないということは、数々の例が物語っています。ただ、伝統的な材料は、作る人も減少の一途、素材自体も年々手に入りにくくなっています。対策は必要です。

井浦　その課題は伝統工芸の現場でも必ず聞きます……。自然と共生してきた伝統の技を、絶やしたくないと心から思います。

国宝「檜図屏風」狩野永徳筆　安土桃山時代（16世紀）８曲１隻　紙本金地着色　170.3×460.5cm（修理前）

東洋館3室　ミイラのケース下に設置された低酸素維持装置

神庭　次は先端技術を用いた保存、展示を見てみましょう。

井浦　東洋館の2階で、ひときわ存在感を放つミイラですね！

神庭　そもそも３０００年くらい経っている上に、明治時代から１００年以上保存、公開されてきたため劣化は究極のところまで進んでいます。そうは言ってもまだまだ大切な文化財として恒久的に保存、公開していくとすれば、安心できる環境で保存、展示しなければと考えていました。２０１３年の東洋館リニューアルに伴い、少しでも酸素濃度の低い状態のケースに入れることで長生きさせよう、長期的な保存を可能にしていこうと、ムシサイエンスという昆虫の標本の保存技術を持つ会社が開発した低酸素維持装置を導入しました。

井浦　昆虫の標本ですか!?　ミイラとでは全くサイズが違いますよね？

神庭　平成館の考古展示室に九州の江田船山古墳出土の鉄剣がありますが分かりますか？

井浦　銀象嵌が施された……。

神庭　実はあのケースにも低酸素維持装置が付いています。象嵌部分は発掘した時は錆びていて何も見えなかったのですが、鉄の錆を取り除いたら、銀が見えてきた。銀というのは空気中だと割と早く腐食して黒くなってしまいます。だから一度磨いて、また黒くならないようにあのような低酸素のケースに入れて腐食させないようにしているんですね。その技術を応用し、数年かけてミイラにも対応できるものを開発しました。展示ケースと装置との間には2系統の空気が循環しており、その中に含まれる酸素をお菓子の中

に入っているような脱酸素剤に吸い取らせ、同時に調湿剤という湿度を安定させるもので乾燥を防いでいます。空気中には20％ぐらいの酸素がありますよね。僕らの目標は０・１％の酸素濃度。それ以下であれば、虫やカビが増殖しなくなるからです。有機物は３０００年経っていても有機物で、例えば包んでいる麻布も有機物ですし、骨だってそうです。微生物が繁殖しようと思えば、いくらでもできる状態なんです。それを止める意味でも酸素濃度を低くしなければならないのです。

井浦　ミイラが眠るケースの下にそんな複雑な装置が……。

神庭　展示ケースはドイツのグラスハウバーン社の製品で、高い気密性が特徴です。いくら中に装置を組み込んでも、空気が漏れては効果がありませんから。

井浦　本当にデリケートに扱わなければならないんですね……。

神庭　以前このミイラのX線撮影を行なった際、下腹部のあたりに何か丸いものが納入されていることも分かりました。

井浦　納入物があるなんて、仏像のようですね。

神庭　X線撮影だけではこれが何であるか、本当に丸いものなのかは分かりません。２０１４年の4月からは、X線ＣＴスキャナー（医療用で人間の体が断層で良く分かる装置と同じ）による調査が始まります。軽自動車程度の大きさまで測定することができる、文化財専用の装置としては世界最大の規模だと思います。一回目は、このミイラの体を調べさせてもらおうかなと思ってるところですね。

井浦　謎がひとつ解き明かされるかも!?　楽しみです!!

「簡易万能太巻芯」を手に「これは日本画特有のデリケートな素材でも作品を傷つけない優しい設計になっていますね」と感心。

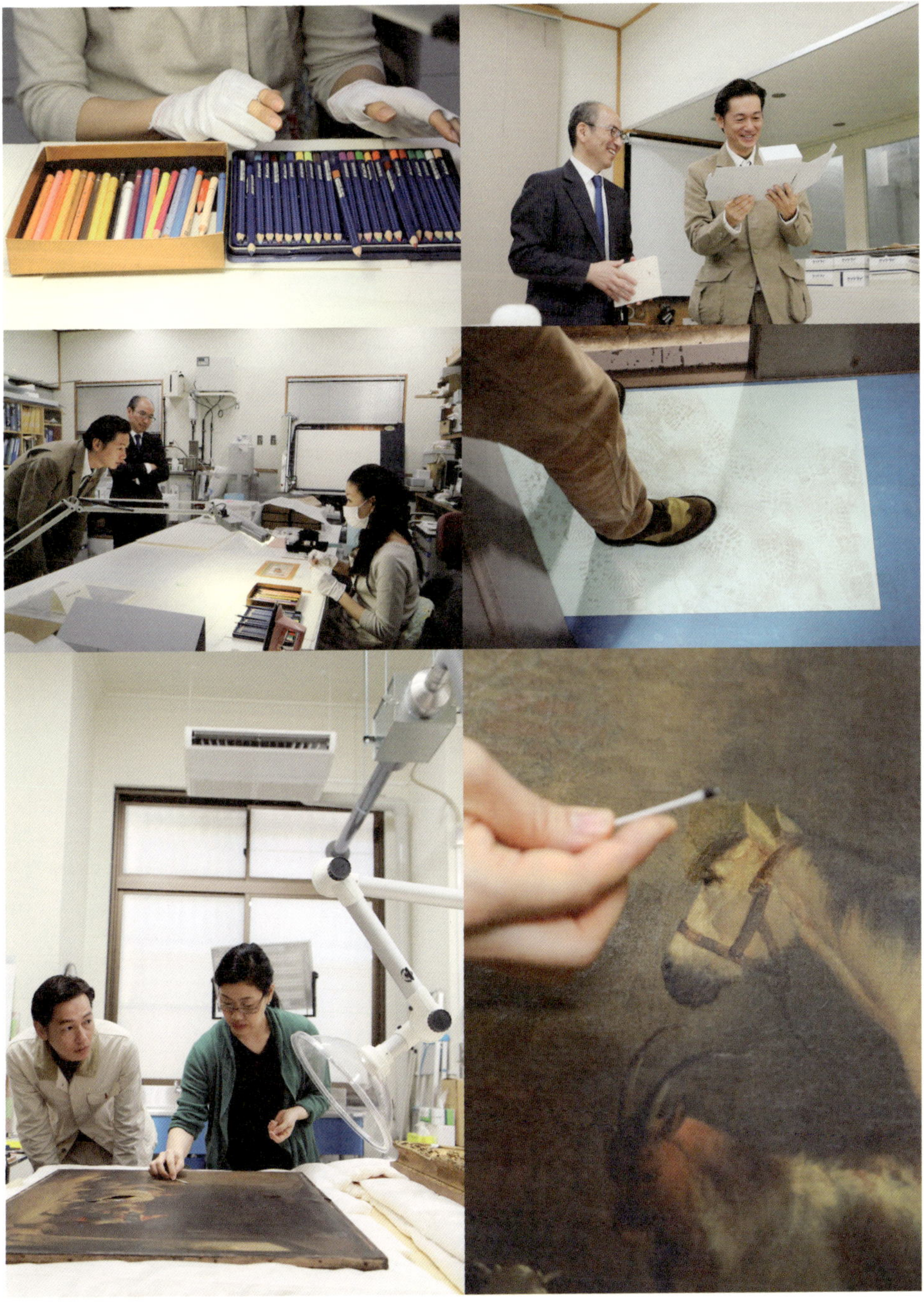

左上：18世紀のインド細密画の修復作業では、欠けている部分に直接作品に触れないよう同じ色に塗った中性紙を敷く。色鉛筆で何色も重ねることで、どんな色でも再現可能。 右上：保存箱を手に。 左中：修復士の米倉乙世氏は、高校生のとき新聞で修復士の記事を読み志したそう。この本を読んで修復士を目指す人がいれば本当に嬉しいです。 右中：修復現場の入り口では、靴の汚れを落とす！ 左下・右下：保存修復室長の土屋裕子氏がクリーニングしているのはグラスゴー博物館から寄贈された油絵。

「簡易万能太巻芯」は、古い掛軸の経年劣化を予防するために開発された。館内では「鈴木式」とも呼ばれる。和紙の材料である楮《こうぞ》で包み込み、安定した保存が可能。

井浦　ついに知られざる修復の世界、最後の部屋に！

神庭　臨床保存学の大きな流れとしては、まず物の状態を調べて、またそれが展示、保存してある環境も調べる。モノと環境の両方の状態が適切かどうかを診断していきます。その次に診断の結果から物に対しては予防的な処置、環境に対しても処置していく。予防ではどうしようもない状態であれば、物に対して修復、環境に対しては必要な対処をという3段階のステップを踏みます。それでもダメな場合、大きな修復を行います。そのサイクルの中で、この修復室は、予防を行なう場所と位置づけています。

井浦　箱がたくさんありますね。

神庭　この箱が重要なのです。モノは傷んでいきます。例えばこれは大正時代の新聞なのですが、発刊された当時は重要だと思われず、雑に扱われていた。新聞紙なのでボロボロになっています。これを大切な文化財として保管していこうと、今やり始めています。最初は箱に入れます。箱に入れて周りの物に直接触れないで保管しておく。ここが重要なのです。いきなり着手しない。箱に入れることによって痛みは軽減されます。ミニマムトリートメントのために、箱や万能太巻といった保護用の道具を修復の技術者たちが開発し、文化財ひとつひとつに合わせて作っています。日本の伝統的な箱に帙《ちつ》があります。帙も使っていると傷むので、この部屋で新しい帙に取り換えます。できるだけ空気や光に触れないように作るのですが、気密性が高まるほど、空気の出入りが無くなり、素材に有害な物質が含まれていると、中に充満してせっかく保管するつもりが、箱の影響で劣化してしまう。ですから、表面にはレーヨンと麻の混紡布を使用して、紙も糊もすべて完全な中性のもので作ります。

井浦　箱自体も作る手の動きにもまったく無駄が無く、職人技ですね。各時代の職人や作家が技をこらした文化財を、現代の技が守っていることが本当によく分かりました。日本が世界に誇る技、広めていきましょう！

神庭 信幸（保存科学）

1954年島根県生まれ。保存科学者、臨床保存修復士、美術博士（美術）。大学では理論物理学を学んだという異色の経歴の持ち主。科学的なアプローチで文化財保存・修復を前進させる第一人者。

「西洋絵画の修復現場では、専用のルーペを装着させてもらいました。キャンバス地の驚くほど細かいところまで見える。すごい！」

COLUMN 4

新のオススメくつろぎスポット

本館、東洋館、平成館……トーハクには多くの展示館がありますが、実は各所に「くつろぎスポット」も充実しています。本物の作品パワーに圧倒され疲れた頭と体をリフレッシュできる空間があるのは、嬉しいものです。

　僕がトーハクを訪れるたびに、秘かに楽しみにしているのが、本館1階北側のラウンジ。展示室を繋ぐ間にあるので、立ち寄りやすいのもありますが、柔らかい光に包まれたレトロな雰囲気

5棟の茶室から、右は小堀遠州によって建てられた「転合庵」、左は「応挙館」にて。

美しい建造物は、
骨組みまでハイセンス。
特別に表慶館の木組みの
屋根裏を見学させても
らいました！

が心地良いのです。よく見ると壁には職人技が光る美しいモザイクタイルが施され、窓からは日本庭園を臨む贅沢なシチュエーション。ダイヤル式の黒電話に、思わず和んでしまいます。

　また、クラシックな建築と優雅な雰囲気の表慶館も秘かな人気スポット。正門を入って左前に見える、ドーム型の屋根が特徴的な宮殿です。表慶館は、明治33年、皇太子（後の大正天皇）のご成婚を記念して計画され、明治42年に開館した、敷地内に残る唯一の明治建築です。設計は、ジョサイア・コンドルの弟子で東宮御所（現在の迎賓館）なども手がけた宮内省技師の片山東熊。明治末期の代表的な洋風建築として、重要文化財にも指定されています。そんな歴史的建造物の1階の一部が、なんと休憩スペースとして開放されているのです。ここは体感型のミュージアムと言えるかもしれません。高貴な雰囲気に浸ることのできる貴重な空間です。

表慶館以外にも、歴史的建造物を見学できる場所があります。こちらは一転して純和風、旧因州池田屋敷表門、通称「黒門」（重要文化財）です。旧丸の内大名小路（現在の丸の内３丁目）にあった鳥取藩池田家江戸上屋敷の正門で、明治時代、当時の東宮御所正門として移されたのち、高松宮邸に引き継がれ、昭和29年に移築されてきました。当時の遺物を肌で感じて、気分はすっかり江戸時代へタイムスリップ。江戸好きの僕には興奮の代物です。

　時間がある方は、足を休めつつ映像ルームを利用するのもオススメです。ゆっくり座りながら展示物の解説や美術、考古の映像を見るのは、博物館ならではの特別な時間の過ごし方。平成館の映像コーナーはもちろん、最近は、２０１３年に東洋館にリニューアルオープンしたミュージアムシアターに注目しています。３００インチ大型スクリーンに超高精細４Ｋ映像で上演されるＶＲ作品は迫力満点で、プログラ

TNM&TOPPAN
ミュージアムシアター
これまで「バーチャルで土偶に遭遇」や「舟木本屏風を歩く」など、美術品をモチーフにした斬新な映像を1日に2～3回上映している。ナビゲーターのライブ上演も元気で楽しい! 場所：東洋館B1F当日受付。有料。上映スケジュールはウェブサイト参照。

託児サービス

博物館利用者に限り利用できる託児サービスです。ゆっくり展示を楽しんで！

対象年齢：3ヵ月以上～12歳
場所：正門プラザ内託児室
利用料金：0～1歳児2000円
2歳児以上1000円

＊月4回実施。事前予約制。詳しい利用方法はウェブサイト参照。

ムも興味深いものばかりです。

　意外と知られていませんが、子育て中の方には、託児サービスも用意されています。さらに、大人だけでなく子どもも参加できるワークショップも開催されており、勾玉作りや貝合わせ、トーハク探検ツアーなど、僕も参加したいほど充実のプログラム。仕事がオフの日、たまに親子で参加しています。

　レストランやカフェで食事をしたり、テラスで風景を楽しんだり、くつろぎ方はまだまだ沢山あります。僕も全てを把握できてはいません（笑）。先日も東洋館で映像トランクを見つけたりして、いまだに新しい発見があります。

　庭園や茶室の公開など、期間限定のイベントも多く開催されているので、ウェブサイトはこまめにチェックしてみてください。きっとあなた好みのくつろぎ方が見つかるはずです。トーハクへ足を運んだ際は、展覧会だけではもったいない！　是非、博物館を丸ごと楽しんでみて欲しいですね。

おわりに

僕がナビゲートする「美術探検」。お楽しみ頂けたでしょうか？ 美術から得た感動をこうやって皆さんと共有できることを、今改めて、本当に幸せなことだと感じています。僕は美術の楽しさを辻惟雄先生や山下裕二先生の著作から学びました。美術に対する知識は到底お二人に及びませんが、この本をきっかけに、ひとりでも多くの人が東京国立博物館に足を運び、美術品から色々なことを感じてくれれば良いなぁ……と、心から願っています。

いち美術ファンに過ぎない僕がこのような本を制作することができたのは、多くの方達のご協力があったからです。

まず、本を制作するきっかけを与えて下さった東京美術の佐藤真希子さん。箱根の彫刻の森美術館で個展を行なっていた僕の元を訪ねてくれた佐藤さんの名刺を見て、「もしかして『もっと知りたい』シリーズの東京美術さんですか？ めちゃくちゃ愛読しています！」といったやり取りをしたことを、今でも新鮮に思い出します。あの出会いがなければ、この本は生まれていなかったでしょう。

また、東京国立博物館の素晴らしい研究員、スタッフの皆さんにも、この場を借りてお礼を申し上げたい。企画課の井上洋一氏、

出版企画室の勝木言一郎氏、立道恵子氏、遠藤楽子氏、松尾美貴氏、小野寺美華氏、保存修復課の神庭信幸氏、土屋裕子氏、鈴木晴彦氏、米倉乙世氏、小野博柳氏、資料館の住広昭子氏。つたない僕の思いや希望を根気よく聞いて下さり、終日撮影にお付き合い頂き……感謝しても感謝し切れません。

明治の超絶技巧が光る逸品など、もっと紹介したかったのですが、とても１２８ページに収めることができませんでした。ただ、こうしてひとつの形にすることで、美術がいかに僕の人生の糧になっているかを再確認することができました。美しいものを見て、何かを感じる行為は、確実に心を豊かにしてくれます。それぞれの楽しみ方、考え方があって良いのだと思います。

最後になりましたが、数年に渡って僕の成長をカメラに収め続けてくれているグレート・ザ・歌舞伎町氏、取材のために僕の何倍も上野に足を運んでくれたコタツプロの仲田舞衣氏、佐々木兵庫氏、ギリギリまで欲張りなオーダーをしたにも関わらず、美しい装幀を仕上げて下さった鵜飼悠太氏、そして、本書の刊行のために尽力して下さった東京美術の出版事業部の皆さん。本当に、ありがとうございました。

僕の美術探検は始まったばかり。美を探る旅は、まだまだ続く！

２０１４年２月　井浦　新

井浦新の美術探検

東京国立博物館の巻

2014年4月5日　初版 第1刷 発行

［監修］東京国立博物館

［著者］井浦 新

［発行者］加藤 泰夫

［発行所］株式会社 東京美術
〒170-0011 東京都豊島区池袋本町3-31-15
TEL: 03-5391-9031 FAX: 03-3982-3295
http://www.tokyo-bijutsu.co.jp
［印刷・製本］株式会社 光邦

［編集］仲田 舞衣（kotatsu pro）

［取材・文］仲田 舞衣／佐々木 兵庫（kotatsu pro）

［撮影］グレート・ザ・歌舞伎町

［イラスト］ジェリー鵜飼

［装幀］鵜飼 悠太

［作品写真提供］東京国立博物館

［画像提供］龍谷大学図書館（P83）

［協力］釣巻 秋子／株式会社 テンカラット／一般社団法人 匠文化機構
ELNEST CREATIVE ACTIVITY／小学館「Domani」編集部

落丁・乱丁はお取り替えいたします。定価はカバーに表示しています。

ISBN 978-4-8087-0980-8 C0070